丛书主编 [美]肯尼思·W. 梅里尔（Kenneth W. Merrell）
译丛主编 李 丹

学校心理干预实务系列

欺凌的预防与干预：
为学校提供可行的策略

BULLYING PREVENTION AND INTERVENTION:
REALISTIC STRATEGIES FOR SCHOOLS

[美] 苏珊·M. 斯韦勒 (Susan M. Swearer)
[美] 多萝西·L. 埃斯皮莱奇 (Dorothy L. Espelage) 著
[美] 斯科特·A. 纳波利塔诺 (Scott A. Napolitano)

王梓璇　刘俊升　译

上海教育出版社
SHANGHAI EDUCATIONAL
PUBLISHING HOUSE

谨以本书纪念杰茜卡·卡桑德拉·哈费尔(Jessica Kassandra Haffer)(*www.jessicahaffer.com*),她提醒我们为什么必须同情、关爱和共同努力,以终结学校和社区中的欺凌和受欺凌事件。

关于作者

苏珊·M. 斯韦勒（Susan M. Swearer），博士，美国内布拉斯加大学林肯分校学校心理学副教授，欺凌研究网联合负责人，内布拉斯加州职业心理学实习联盟联合负责人。她于1997年在得克萨斯大学奥斯汀分校获得学校心理学博士学位。斯韦勒博士对心理健康与欺凌之间的关系进行了十多年的研究。

多萝西·L. 埃斯皮莱奇（Dorothy L. Espelage），博士，美国伊利诺伊大学厄巴纳-香槟分校教育心理学系儿童发展方向教授、副主任。她最近被提名为校杰出学者，并当选美国心理学会第十七分支机构（咨询心理学）会士。埃斯皮莱奇于1997年在印第安纳大学获得咨询心理学博士学位，并在过去的十五年里一直研究欺凌问题。

斯科特·A. 纳波利塔诺（Scott A. Napolitano），博士，美国内布拉斯加州林肯市私人诊所的儿科神经心理学家、注册心理师。他在得克萨斯大学奥斯汀分校获得学校心理学博士学位，在内布拉斯加大学医学中心完成博士前的实习训练，并在得克萨斯大学西南医学院进行神经心理学方向的博士后研究。纳波利塔诺博士经常与家长和学校工作人员合作，一同帮助那些卷入欺凌行为的学生。

总　序

"健康不仅是免于疾病或虚弱,而且是身体上、精神上和社会适应上的完美状态。"世界卫生组织对健康的界定具有重要的现实意义,它改变了人们一直以来只强调身体健康的观念,逐渐开始重视身心和谐、心理健康和社会适应。事实上,随着中国社会的变迁,社会经济结构的迅速发展变化,人们感受到越来越大的竞争压力,心理健康问题日益增多;2020年以来新冠疫情在全球大范围流行,不仅对社会经济发展造成不可估量的损失,而且给公众特别是未成年人的心理带来巨大的冲击和影响。2019年底发布的《中国青年发展报告》指出,我国17岁以下的儿童青少年中,约3 000万人受到各种情绪障碍和行为问题的困扰。其中,有30%的儿童青少年出现过抑郁症状,4.76%～10.9%的儿童青少年出现过不同程度的焦虑障碍,而且青少年抑郁症呈现低龄化趋势。中国科学院心理研究所发布的《中国国民心理健康发展报告(2019—2020)》指出,2020年中国青少年的抑郁检出率为24.6%,其中重度抑郁检出率为7.4%,抑郁症成为当前青少年健康成长的一大威胁。联合国儿童基金会《2021年世界儿童状况》报告,全球每年有4.58万名青少年死于自杀,即大约每11分钟就有1人死于自杀,自杀是

10~19岁儿童青少年死亡的五大原因之一。在10~19岁的儿童青少年中,超过13%的人患有世界卫生组织定义的精神疾病。

儿童青少年大多是中小学以及大学阶段的学生,他们的心理健康问题和自杀行为的原因极其复杂,除了父母不良的教养方式等家庭环境因素,学校的学业压力、升学压力、同伴压力和校园欺凌以及不同程度的社会隔离等,均可能是影响他们心理健康的重要原因。特别是中小学生处于生命历程的敏感期,他们的发展较大程度上依赖家庭和学校,学校氛围、同伴互动和亲子关系等对他们的大脑发育、心理健康和人格健全至关重要。学生在中小学校园接受必要的知识和技能训练,尤其需要获得来自学校的更多关爱和心理支持。为此,我们推出"学校心理干预实务系列"这个以学校心理干预为核心的系列译丛,介绍国外已被证明行之有效的心理干预经验,借鉴结构清晰、操作性强的心理干预框架、策略和技能,供国内学校心理健康教育工作者参考。

本系列是我们继"心理咨询与治疗系列丛书"之后翻译推出的一套旨在提高学校教师心理干预实务水平的丛书。丛书共选择8个主题,每个主题均紧扣学校心理健康教育实际,内容贴合学生的心理需求。这些译本原著精选自吉尔福德出版社(the Guilford Press)出版的"学校心理干预实务系列"(The Guilford Practical Intervention in the Schools Series),其中有3本出版于2008—2010年,另有5本出版于2014—2017年。选择这几本原著主要基于三方面的考虑。

第一,主题内容丰富。各书的心理干预内容与当前我国学生心理素质培养和促进心理健康紧密关联,既有针对具体心理和行为问题而展开的心理教育、预防和干预,诸如《帮助学生战胜抑郁和焦虑:实用指南(原书第二版)》《破坏性行为的干预:减少问题行为与塑造适应技能》《欺凌的预防与干预:为学校提供可行的策略》和《儿童青少年自杀行为:学校预防、评估和干预》,又有针对学生积极心理培养和积极行为促进的具体举措,诸如《学校中的团体干预:实践者指南》《促进学生的幸福:学校中的积极心理干预》《课堂内的积极行为干预和支持:积极课堂管理指南》和《课堂中的社会与情绪学习:促进心理健康和学业成就》。

第二,干预手段多样。有些心理教育方案是本系列中几本书都涉及的,例如社会与情绪学习(social and emotional learning, SEL),其核心在于提供一个框架,干预范围涵盖社会能力训练、积极心理发展、暴力预防、人格教育、人际关系维护、学业成就和心理健康促进等领域,多个主题都将社会与情绪学习框架作为预防教育的基础。针对具体的心理和行为问题,各书又有不同的策略和技术。对心理和行为适应不良并出现较严重心理问题的学生,推荐使用认知治疗和行为治疗技术、家庭治疗策略等,提供转介校外心理咨询服务的指导和精神药物治疗的参考指南;对具有自伤或自杀风险的学生和高危学生,介绍识别、筛选和评估的方法,以及如何进行有效干预,如何对校园自杀进行事后处理等;对出现破坏、敌对和欺凌等违规行为的孩子,包括注意缺陷多动障碍和对立违抗障碍/品行障碍者,采用清晰而又循序渐进的行为管理方式。对于积极品质的培养,更多强调采用积极行为干预和支持(positive behavior interventions and supports,PBIS)方案促进学生的幸福感,该方案提供的策略可用于积极的课堂管理,也可有效促进学生的积极情绪、感恩、希望及目标导向思维、乐观等,帮助学生与朋友、家庭、教育工作者建立积极关系。

第三,实践案例真实。各书的写作基于诸多实践案例分析,例如针对学校和社区中那些正遭受欺凌困扰的真实人群开展研究、研讨、咨询和实践,从社会生态角度提炼出反映欺凌(受欺凌)复杂性的案例。不少案例是对身边真实事件的改编,也有一些是真实的公共事件,对这些案例的提问和思考让学习者很受启迪。此外,学校团体干预侧重解决在学校开展团体辅导可能遇到的各种挑战,包括如何让参与者全身心投入,如何管理小组行为,如何应对危机状况等;同时也提供了不少与父母、学生、教师和临床医生合作的实践案例,学习者通过对实践案例的阅读思考和角色扮演,更好地掌握团体辅导活动的技能和技巧。

本系列的原版书作者大多具有学校心理学、咨询心理学、教育心理学或特殊教育学的专业背景,对写作的主题内容具有丰厚的理论积累和实践经验,不少作者在高等学校从事多年学校心理学和心理健康的教学、研究、教育干预和评估治疗工作,还有一些作者是执业心理咨询师、注册心理师、儿科专家。这些从不同角度入手的学校心理干预著作各具特色,各有千秋,体现了作者学术生涯的积淀和职业生涯的成就。本系列的译者也大都有发展心理学、社会心理学、咨询心理学和特殊教育学的专业背景,主译者大都在高等学校多年从事与本系列主题相关的教学科研工作,熟悉译本的背景知识和理论原理,积累了丰富的教育干预和咨询评估的实践经验。相信本系列的内容将会给教育工作者、学校心理工作者、临床心理工作者、社会工作者、儿童青少年精神科医生以及相关领域的从业人员带来重要的启迪,也会对家长理解孩子的成长烦恼、促进孩子的健全人格有所助益。

本系列主题涉及学校心理健康教育的方方面面,既有严谨扎实的实证研究和理论基础,又有丰富多彩的干预方案和策略技术,可作为各大学心理学系和特殊教育系相关课程的教学用书和参考资料,也可作为各中小学心理教师、班主任、学校管理者或相关从业人员的培训用书,还可作为家庭教育指导的参考读物。本系列是上海师范大学儿童发展与家庭研究中心和心理学系师生合作的成果。本系列的顺利出版得到上海教育出版社的鼎力相助,该出版社谢冬华先生为本系列选题、原版书籍选择给予重要的指导和帮助,在译稿后期的审读和加工过程中,谢冬华先生和徐凤娇女士均付出了辛勤的劳动,在此一并致以真诚的感谢!

丛书主编:李丹

2022 年 7 月 15 日

前　言

> 我明白，他必须知道，不是所有人都正直、正义——不是所有人都诚实。但请教导他，每当有无赖出现的时候就会有英雄；每当有敌人出现的时候就会有朋友。让他早点学到，恃强凌弱者不堪一击。
>
> ——亚伯拉罕·林肯（Abraham Lincoln）

林肯的这句名言提醒我们，欺凌是一个古老的话题，它阻碍我们成为英雄和朋友。因此，我们要同仇敌忾，去"战胜"我们国家青少年间的欺凌（bullying）或受欺凌（victimization）行为。如何减少学龄儿童的这些破坏性行为是本书的重点。

我们是否需要一本关于欺凌的书呢？自20世纪80年代末以来，关于欺凌的文献大量增加——发生在校园的欺凌，发生在女孩间的欺凌（如关系攻击），发生在工作场所的欺凌，发生在初中的欺凌，网络欺凌，等等。事实上，使用"bully"和"bullying"这两个关键词检索文献会显示，从1997年到2007年，关于欺凌的文章和书籍已增加200%。然而，尽管有关欺凌的论文和研究增长迅猛，但我们依旧没有找到怎样应对欺凌、终止欺凌，或者更实际地说，怎样减少学龄儿童欺凌行为的有效解决办法。

　　教育工作者、家长和学生现在需要这样一本书,能为他们预防欺凌或受欺凌行为,以及有效干预这些行为提供实用指南。本书的写作源自多年来与欺凌作斗争的教师、家长和学生的反馈。苏珊·M.斯韦勒博士和多萝西·L.埃斯皮莱奇博士已在美国举办数百场关于欺凌的研讨会,其间人们提出的共同问题是:"我们怎样制止欺凌?"斯科特·A.纳波利塔诺博士在他的私人诊所接待了数百名儿童、青少年及其家人,孩子们的父母总是会问:"面对欺凌,我们能做些什么?"十多年来,我们一直被问及同样的问题,我们希望这本书可以就如何有效制止这种在校园中普遍存在的现象提供一些建议。目前,家长、学生、教育工作者和研究人员都对找到解决欺凌问题的方法感到很头疼。欺凌和攻击的科研人员对学龄儿童欺凌/受欺凌的原因、相关因素和后果进行了许多研究,因此我们已经知道很多关于欺凌或受欺凌的知识。然而,对于这些行为,我们依旧有许多未知之处。不管是作为研究人员、教育工作者、心理学家还是父母,大家都怀着共同的心愿,我们在本书中努力将研究和实践相融合,为读者提供欺凌预防和干预的切实可行的策略。本书中的许多案例来自我们对学校和社区中正遭受欺凌困扰的真实人群的研究、探讨、咨询和实践。所有案例都是对我们身边发生的真实事件的改编,或者是已经发生的真实的公共事件。除了第五章杰西的案例,书中出现的名字均是化名。我们希望可以向你展示这样一本书,它可以阐明欺凌行为的复杂性,并提供一些真正的策略建议，以预防和减少学校、家庭、社区中的欺凌事件。

本书大纲

上文提到，研究和实践之间存在一定的鸿沟，关于欺凌和受欺凌的许多现有的心理学文献往往无法将研究成果转化为实践指导。然而，我们相信学校管理人员、教师和家长能够根据青少年欺凌、攻击和暴力的研究成果，来决定采取哪些行动以有效减少学校和社区中的欺凌行为。

尽管目前有许多关于欺凌预防和干预的项目，但我们在本书中并不会讨论或推荐任何现有的项目。不过，我们会为如何选择相应的预防和干预策略提供一套决策标准。考虑到旨在减少学校欺凌行为的项目为数众多，介绍每个项目的优缺点不在本书的范围之内。因此，本书类似于一个指南，为教师、家长和学生提供减少校园欺凌的切实可行的建议和方法。

本书共九章。第一章"小学、初中和高中的欺凌行为"，为我们了解校园欺凌奠定了基础。我们先界定欺凌和受欺凌，并简要回顾了一些关于小学、初中和高中欺凌的研究。第二章"与欺凌行为相关的社会生态问题"，介绍了卷入欺凌/受欺凌的个人、同伴、学校、家庭、社区和社会等相关因素及其产生的后果。显而易见，在社会生态这一复杂的动态体系中，所有因素都是相互作用的，这种复杂的动态体系维持或抑制着欺凌行为。第三章"欺凌是一种社会关系问题"，描述了哪些社会环境会引发或维持欺凌行为，并将欺凌问题视为社会关系破裂的表现。当关系被打破且没有缓和时，可能就会产生欺凌和关于欺凌行为的诉讼等消极后果。第四章"制定和实施有效的反欺凌政策"，为学校政策制定和实施提供了切实可行的策略。与此相关，第五章"学校教职工的法律问题"，评述了关于欺凌的州法律和法规，并就如何应对越来越多的关于欺凌的诉讼提出了建议。第六章"利用自己的资源与欺凌战斗"，引导读者通过切实可行的策略，利用学校现有的资源和机构来减少学龄儿童的欺凌行为。第七章"减少欺凌的实用策略"，介绍了减少欺凌的个人策略、同伴群体策略和家庭—学校策略。第八章"科技对人际关系的影响"，介绍了人们如何利用科技欺凌他人，并为网络欺凌提供了处理建议。第九章"评估你的努力"，通过一个真实的基于数据的决策事例，向读者提供建议，如何评估为减少欺凌/受欺凌作出的努力。此外，每章都会提供一个案例研究，用来阐明本章的内容，并引出一系列问题，以帮助读者思考每章涉及的复杂问题。我们希望能激发读者的创造性思维，并帮助制定切实可行的策略以预防和战胜校园欺凌。

致谢

我们非常感谢所有为本书付出时间、提供故事，并致力于了解欺凌行为的成因、影响因素和本质的学生、来访者、家长、教师、学校管理人员、研究生和同事。我们也要感谢多年来参与欺凌集体座谈的学生，他们以更接地气的方式帮助我们推进研究。由于这些重要的合作，我们得以成为更好的研究人员和临床医生。

我们还要感谢内布拉斯加州林肯市马克塞小学校长帕特里

克·德克尔先生和该校三年级团队——卡门·扎尔曼(Carmen Zalman)博士、卡罗尔·格伦(Carole Glenn)女士、德怀特·提曼(Dwight Thiemann)先生、安·哈加曼(Ann Hagaman)女士和帕姆·赛菲特(Pam Siefert)女士,以及2006—2007学年三年级学生,他们参与第六章描述的欺凌文学项目(Bullying Literature Project)。

苏珊·M.斯韦勒(Susan M. Swearer)要感谢内布拉斯加大学林肯分校她的研究生,他们是目标欺凌研究项目(Target Bullying Research Project)的现任成员:朗达·特纳(Rhonda Turner)、阿曼达·西贝克(Amanda Siebecker)、莉娜·弗雷利克斯(Lynae Frerichs)、杰米·吉文斯(Jami Givens)、王慈欣(Cixin Wang)、亚当·科林斯(Adam Collins)和布兰迪·贝里(Brandi Berry)。这些学生都为本书提供了各个方面的帮助。她还要感谢丈夫斯科特·A.纳波利塔诺(Scott A. Napolitano)为她提供关于欺凌/受欺凌问题的临床视角,以及对本书写作的坚定支持,还有他们的女儿凯瑟琳(Catherine)和亚历山德拉(Alexandra),她们使夫妻俩的每一天都过得很开心。

多萝西·L.埃斯皮莱奇(Dorothy L. Espelage)感谢世界各地所有支持她工作的良师益友,并感谢她在伊利诺伊大学厄巴纳-香槟分校的所有在读和已毕业的研究生,这些学生激励她在此领域的工作:梅丽莎·霍尔特(Melissa Holt)、梅根·梅伯里(Megan Mayberry)、保罗·波泰(Paul Poteat)、米歇尔·伯其特(Michelle

Birkett)、杰里·纽林(Jeri Newlin)、乍得·罗斯(Chad Rose)、约翰·埃利奥特(John Elliott)、克里斯廷·阿斯多昂(Christine Asidao)、萨拉·麦贝恩(Sarah Mebane)和艾米·范伯文(Amy VanBoven)。

斯科特·A.纳波利塔诺(Scott A. Napolitano)感谢他的父母——亚历山大(Alexander)和弗吉尼亚·纳波利塔诺(Virginia Napolitano)为自己提供终生的鼓励和支持。他还要感谢妻子苏珊·M.斯韦勒以及他们俩的孩子凯瑟琳和亚历山德拉,因为她们使每一天都像一场令人兴奋的探险。最重要的是,他要感谢所有勇敢的儿童和青少年,他们的故事激发了本书的创作。

目 录

第一章 小学、初中和高中的欺凌行为 ... 1
    欺凌的定义 ... 2
    小学阶段的欺凌 ... 3
    初中阶段的欺凌 ... 4
    高中阶段的欺凌 ... 5
    欺凌：给予更多关注还是让问题更严峻 ... 6
    将研究转化为实际解决方案 ... 10
    80/20 定律 ... 11
    欺凌/受欺凌的社会生态框架 ... 11
    结论和建议 ... 12
    案例：乔，名字简单而情况复杂 ... 14
        学校背景 ... 14
        课外计划 ... 17
        父母的想法和经历 ... 18
        对乔的案例的思考 ... 21
    后续问题 ... 21

第二章 与欺凌行为相关的社会生态问题 ... 23
    心理因素 ... 24

　　　　同伴影响　　　　　　　　　　　　　　27
　　　　家庭因素　　　　　　　　　　　　　　31
　　　　学校因素　　　　　　　　　　　　　　35
　　　　社会后果　　　　　　　　　　　　　　38
　　　　结论和建议　　　　　　　　　　　　　39
　　　　案例：安德鲁　　　　　　　　　　　　41
　　　　　　对安德鲁的案例的思考　　　　　　42
　　　　后续问题　　　　　　　　　　　　　　43

第三章　欺凌是一种社会关系问题　　　　　　45
　　　　欺凌、社会技能缺失和心理理论　　　　46
　　　　移情、关怀和干预意愿　　　　　　　　51
　　　　欺凌及其与性骚扰的关系　　　　　　　56
　　　　结论和建议　　　　　　　　　　　　　57
　　　　案例：乔治　　　　　　　　　　　　　59
　　　　　　对乔治的案例的思考　　　　　　　60
　　　　后续问题　　　　　　　　　　　　　　60

第四章　制定和实施有效的反欺凌政策　　　　62
　　　　反欺凌政策的益处　　　　　　　　　　62
　　　　政策制定　　　　　　　　　　　　　　64
　　　　　　第一步：定义欺凌行为　　　　　　65
　　　　　　第二步：参考现有示范政策　　　　66
　　　　　　第三步：清晰描述举报程序　　　　75
　　　　　　第四步：调查澄清和惩戒处分　　　76

　　　　第五步：援助受欺凌者　　　　　　　　　77
　　　　第六步：培训和预防程序　　　　　　　　78
　　政策实施　　　　　　　　　　　　　　　　80
　　结论和建议　　　　　　　　　　　　　　　81
　　案例：凯文——不听，不看，也不说　　　　81
　　　　对凯文的案例的思考　　　　　　　　　82
　　后续问题　　　　　　　　　　　　　　　　82

第五章　学校教职工的法律问题　　　　　　　　84
　　关于欺凌的州法律　　　　　　　　　　　　85
　　定义　　　　　　　　　　　　　　　　　　86
　　政策要求和建议　　　　　　　　　　　　　96
　　　　欺凌事件举报　　　　　　　　　　　　96
　　　　豁免　　　　　　　　　　　　　　　　97
　　　　调查　　　　　　　　　　　　　　　　97
　　　　通知　　　　　　　　　　　　　　　　98
　　　　惩戒处分程序　　　　　　　　　　　　99
　　　　培训和预防　　　　　　　　　　　　　99
　　　　示范政策　　　　　　　　　　　　　　100
　　诉讼　　　　　　　　　　　　　　　　　　100
　　根据联邦法律索赔　　　　　　　　　　　　102
　　　　向学校和学区索赔　　　　　　　　　　102
　　　　向个别学校教职工索赔　　　　　　　　106
　　根据州法律索赔　　　　　　　　　　　　　108

	结论和建议	109
	案例：杰西（据其母亲杰里·哈费尔所述）	110
	对杰西的案例的思考	114
	后续问题	115
第六章	利用自己的资源与欺凌战斗	116
	利用数据进行决策	117
	第一步：收集数据	119
	评估校园风气（或社会风气）	120
	第二步：提高对欺凌行为的认识	121
	欺凌文学项目：教师和学生的数据	133
	第三步：增强家校关系	135
	第四步：增强社区—学校关系	135
	第五步：改变社会风气	136
	结论和建议	136
	案例：本——背痛的秘密	138
	后续问题	139
第七章	减少欺凌的实用策略	144
	是否要惩罚	144
	切实可行的个人策略	145
	个人特征和欺凌	146
	帮助卷入欺凌事件的学生的个人干预措施	148
	帮助卷入欺凌事件的学生的同伴干预措施	156
	帮助卷入欺凌事件的学生的家庭干预措施	158
	帮助卷入欺凌事件的学生的学校干预措施	158

帮助卷入欺凌事件的学生的社区和社会干预措施　　159
　　　结论和建议　　160
　　　案例：希莉娅——一个简单的解决办法　　161
　　　　　对希莉娅的案例的思考　　162
　　　后续问题　　162

第八章　科技对人际关系的影响　　164
　　　变化的世界　　164
　　　科技的消极面　　167
　　　谁卷入了网络欺凌　　169
　　　网络欺凌者和受欺凌者相互认识吗　　173
　　　网络攻击是否像校园欺凌一样反映了群体过程　　173
　　　卷入网络攻击有什么影响　　174
　　　当孩子遭受利用科技进行的攻击时，他们会做什么　　175
　　　成年人可以做什么　　175
　　　结论和建议　　177
　　　案例：路易斯　　179
　　　后续问题　　180

第九章　评估你的努力　　182
　　　不再允许欺凌！　　183
　　　　　某中学　　185
　　　　　任务一：建立一个反欺凌评估团队　　185
　　　　　任务二：会面并集体讨论问题　　186
　　　　　任务三：研究不同的评估策略　　186

　　　　任务四：确定数据收集的时间　　　　187
　　　　任务五：确定数据收集的形式　　　　187
　　　　任务六：与当地企业和基金会合作　　　　187
　　　　任务七：坚持每年收集数据　　　　187
　　　　任务八：输入数据　　　　187
　　　　任务九：分析数据并制作PPT演示文稿　　　　187
　　　　任务十：形成欺凌预防和干预策略　　　　191
　　　　任务十一：进行年度评估　　　　192
　　最后的思考　　　　192

参考文献　　　　217
译后记　　　　243

图、表、附录目录

图目录

图1-1	四方关系模型	2
图1-2	欺凌/受欺凌的社会生态模型:导致欺凌的因素	13
图2-1	欺凌/受欺凌的社会生态模型:干预措施	40
图3-1	培养健康的交流方式的建议	58
图4-1	解决校园欺凌问题的10种最佳做法	79
图6-1	欺凌预防和干预项目中利用数据进行决策的指南	118
图6-2	父母与学校教职工良好交流的基本原则	137
图8-1	读书俱乐部活动	178

表目录

表4-1	反欺凌立法、政策和互联网资源	67
表5-1	各州反欺凌条例列表	87
表5-2	各州反欺凌法律情况	90
表6-1	关于欺凌的部分小学儿童书籍	122
表6-2	欺凌文学项目中的教师评分	124
表6-3	欺凌文学项目中的学生评分	129

表 7-1　评估与欺凌/受欺凌相关的心理问题的量表　146

表 9-1　欺凌评估指南　183

附录目录

附录 6-1　欺凌文学项目——教师评估表　140

附录 6-2　欺凌文学项目——学生评估表　142

附录 9-1　某中学欺凌预防和干预项目的PPT演示文稿示例　193

第一章

小学、初中和高中的欺凌行为

在回顾欺凌/受欺凌行为的研究和文献之前,我们先要定义本书使用的一些术语。很多可靠的证据表明,学生并不会在"欺凌者"和"受欺凌者"这两个角色中保持不变。事实上,这些标签确实会给寻求有效的预防和干预措施带来问题。成年人和学生往往会惩罚欺凌者或责怪受欺凌者。"一旦成为欺凌者,便永远是欺凌者"或"一旦成为受欺凌者,便永远是受欺凌者"的思维定势只会使我们坚持认为,欺凌或受欺凌是个人的固有特质。我们知道,其实很多学生都会在这些角色中不断转换。我们追踪了一批初中生长达三年之久,发现只有不到13%的学生在这三年一直处在他们最初的群体之中(不管是作为欺凌者、兼具欺凌和受欺凌者,还是单纯的受欺凌者)(Swearer, Cary, & Frazier-Koontz, 2001)。在我们的样本中,有87%的人在这三年改变了他们的欺凌者/受欺凌者角色。此外,一份关于欺凌预防和干预的重要材料——《让我们更加真实》(*Let's Get Real*)(Respect for All Project, 2004),使用了四方关系模型(four-square relational model)(见图1-1)来说明学

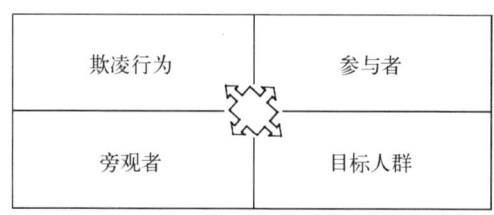

图 1-1 四方关系模型
Respect for All Project 许可转载

生在欺凌者、受欺凌者、兼具欺凌和受欺凌者以及旁观者之间转换是很正常的。我们不想再延续这种刻板印象,即一些学生应该被贴上"欺凌者"的标签,另一些则应该被贴上"受欺凌者"的标签。这些标签表明,行为是不可改变的,它们过分简化了欺凌的复杂性。因此,我们在本书中会使用"欺凌/受欺凌"(bullying/victimization)这个术语来向读者传达欺凌和受欺凌的相互作用,我们使用"兼具欺凌和受欺凌者"(bully-victim)这个术语来探讨那些既欺凌他人又被他人欺凌的学生。我们使用"欺凌他人的学生"(students who bully)或"受欺凌的学生"(students who are victimized)这些术语来传达欺凌和受欺凌都不是个人的特征或特质,而且所有人都有可能卷入欺凌/受欺凌的行为。如果我们想真正减少或阻止学校的欺凌行为,就必须相信这些行为是可以改变的。

欺凌的定义

研究文献中对欺凌(bullying)的定义一直存在争议,许多人将欺凌视为攻击行为的一个分支(Espelage, Bosworth, & Simon, 2000; Pellegrini, 2002a; Pellegrini & Long, 2002; Smith et al., 1999, 2002)。道奇和科伊(Dodge & Coie, 1987)将欺凌定义为,欺凌者无端挑衅并引发欺凌行为的一种主动攻击。奥维斯、林伯和米哈里克(Olweus, Limber, & Mihalic, 1999)在对欺凌的定义中指出,欺凌是一种"攻击行为"。为了区分欺凌与攻击行为,首先要清楚欺凌包括实施者与欺凌目标之间的力量不平衡性、故意伤害性和重复发生性(Olweus et al., 1999)。力量不平衡性意味着,欺凌的实施者在某种程度上比欺凌目标更强(如更受欢迎、身材更高大、更聪明、社会地位更高)。除了通常的身体攻击行为,欺凌还包括其他不易察觉到的攻击形式。例如,欺凌可能是一种非身体层面的、一个人对另一个人造成的威胁。欺凌可以通过电脑或手机(即网络欺凌)进行,也可能包括关系攻击(Crick & Grotpeter, 1995)和社会攻击(Underwood, 2003)。因此,可以通过理解欺凌的可察觉或不可察觉性、力量不平衡性和重复发生性等要素,将欺凌行为与其他攻击行为区分开来。根据美国心理学会的定义,欺凌是"针对他人,尤指针对弱小群体的一种长期的威胁和攻击行为"(VandenBos, 2007, p.139)。

小学阶段的欺凌

小学生显然不能免于欺凌。思考一下下面这个情形:操场上有一群学前班女孩,她们将穿着人字拖并愿意与她们交换人字拖的女孩视为与她们同类的"酷女孩"。这些女孩会排斥其他不与她们交换人字拖的女孩。教师并不能发现这种关系欺凌,因为他们不可能注意到每个学生所穿鞋子的类型。只有当其中一名学生把这件事情告诉她的妈妈时,学校工作人员才会知道这种操场欺凌。因此,当我们被问到"欺凌是从什么时候开始的",答案很显然是"从学前班"(Moeller,2001)。

研究发现,多达33.7%的美国小学生报告他们经常在学校被欺凌(Bradshaw, Sawyer, & O'Brennan, 2007)。科肯德弗和莱德(Kochenderfer & Ladd, 1996b)发现,大约20%的学前班孩子报告他们经常受欺凌。卷入欺凌/受欺凌的小学生并没有一直保持"欺凌者"或"受欺凌者"的角色不变。相反,在这些角色之间来回变换似乎是常态(如欺凌者变为受欺凌者,再变为兼具欺凌和受欺凌者)(Dempsey, Fireman, & Wang, 2006)。然而,尽管没有固定的角色,但我们知道在小学具有攻击性的孩子到了初中和高中往往也会如此(Harachi et al., 2006; Huesmann, Eron, Lefkowitz, & Walder, 1984; Olweus, 1993a, 1993b, 1994)。

初中阶段的欺凌

研究已达成共识,初中阶段是欺凌/受欺凌的高峰期。据推测,欺凌的增长与小学到初中的过渡阶段有关(Nansel et al., 2001; Pellegrini & Long, 2002; Solberg, Olweus, & Endresen,

2007),因为学生在这一时期通常会结识新同伴。在一项对 15 686 名六至十年级学生的调查中,研究人员发现,29.9%的学生报告了中等至频繁程度的欺凌参与。在这些学生中,13%的学生表示他们欺凌过别人,10.6%的学生表示他们经常被欺凌,6.3%的学生既是欺凌者又是受欺凌者(Nansel et al.,2001)。过去十年的研究表明,在美国的初中生中,大约 7.5%～13%的人欺凌过别人,10.6%～20.7%的人被别人欺凌过,1%～13%的人既是欺凌者又是受欺凌者(Batsche & Knoff,1994;Cunningham,2007;Demaray & Malecki,2003;Kauffman et al.,1998;Nansel et al.,2001;Seals & Young,2003;Unnever,2005;Wenxin,2002)。通过对欺凌/受欺凌相关文献的回顾,很明显对初中生来说,欺凌是相对普遍的现象。

高中阶段的欺凌

在文献中,高中阶段的欺凌受到的关注比小学、初中阶段少。针对青少年晚期的欺凌研究显示,骚扰在这一时期有所增加。因此,欺凌/受欺凌可以作为骚扰的一种形式,两者显然存在联系。我们知道,在高中女生中,性骚扰比初中更常见(Gruber & Fineran,2007)。美国大学女性协会(American Association of University Women,1993,2001)在美国学校进行了两项性骚扰研究。大约 81%的学生在学校遭受过性骚扰,而且随着时间的推移这个比例在上升;55%的八年级和九年级学生,以及61%的十年级和十一年级学生报告称遭受过性骚扰。美国大学女性协会的研究还发现,女性会比男性受到更多的性骚扰。

不幸的是,教师通常会低估学校欺凌/受欺凌的程度。布拉德肖等人(Bradshaw et al.,2007)调查了美国东北部14所高中的学校工作人员和学生,以了解高中教师可以在多大程度上准确地预测他们学校的欺凌和骚扰情况。超过57%的学校工作人员预测,在他们的学校中不到10%的高中生报告称受到伤害。只有9%的学校工作人员正确预测,约有28%的高中生报告称受到伤害。研究还发现,小学和初中教师的预测比高中教师更准确。虽然高中阶段欺凌和受欺凌的总比率在下降(Nansel et al.,2001),但学生还是会受到性骚扰,以及被低估了的欺凌、受欺凌和其他形式的骚扰的困扰。

欺凌:给予更多关注还是让问题更严峻

正如前言中亚伯拉罕·林肯的引言所述,欺凌是一个古老的问题。虽然欺凌作为一种行为问题,其频率并不一定会随着时间的流逝而升高,但人们对欺凌行为的关注已经增加。在过去的二十年间,全球出现了大量关于欺凌及受欺凌的研究(Espelage et al., 2000; Espelage, Holt, & Henkel, 2003; Espelage & Swearer, 2003; Hoover, Oliver, & Hazler, 1992; Horne, Bartolomucci, & Newman-Carlson, 2003; Juvonen & Graham,

2001；Olweus et al.，1999；Salmivalli，Lagerspetz，Bjorkqvist，Osterman，& Kaukiainen，1996；Swearer & Doll，2001）。1997年以来，有关欺凌行为的出版物增加了200%。然而，尽管欺凌行为得到更多关注，但我们注意到，美国学校中依旧有中等程度至很高程度的欺凌现象，而且有数据支持。

在美国，大部分有关欺凌的研究都是在备受瞩目的校园枪击事件之后发展起来的：三分之二的校园枪击者报告，他们在整个学生时代遭受长期的欺凌（Vossekuil，Fein，Reddy，Borum，& Modzeleski，2002）。尽管人们早已认识到欺凌会导致破坏性的、持久的负面心理影响，而且对欺凌的研究激增，但对如何将研究成果转化为有效实践知之甚少。学校管理人员和教师在选择和实施反欺凌项目时缺乏相应的指导。虽然有无数课程和社会心理项目可以解决校园暴力、愤怒管理以及欺凌和骚扰，但只有很小一部分经过严格的、实证的、系统的调查评估（Furlong，Morrison，& Greif，2003）。既然缺乏可靠的评估数据，学校管理人员、教师和家长要如何有效地阅读关于欺凌的文献并为学校和社区选择有效的干预措施呢？

幸运的是，我们不再争论并已深知欺凌确实存在于学龄青少年之中，而且欺凌对每个卷入者都有持久的负面影响（Espelage & Swearer，2004）。迄今为止，欺凌研究至少存在二十年，它已经确定欺凌行为会对人的心理产生消极影响；然而，关于如何有效地将这些知识转化为学校真正的解决方案，目前还知之甚少。

在我们提出减少欺凌行为的真正的解决方案之前,需要对欺凌/受欺凌的几个错误观点提出质疑。在本书后八章,每个错误观点都会被一一揭穿。

错误观点1:欺凌是一种独立的、个人的攻击行为。欺凌的定义包括故意伤害性、重复发生性和力量不平衡性,许多旨在评估欺凌/受欺凌的研究实际上可能并不会考虑这三个要素。因此,未来有必要通过评估这三个要素,以准确评估欺凌/受欺凌行为。欺凌不是独立的攻击行为。事实上,欺凌/受欺凌问题会受到同伴、家庭、学校和社区的影响(见第二章)。因此,对欺凌的理解最好从社会生态角度出发(Espelage & Swearer,2004)。

错误观点2:欺凌发生在"欺凌者"和"受欺凌者"之间。这种情况其实很少见。我们需要消除这种二分独立的偏见(Espelage & Swearer,2003),并认识到欺凌是一个动态的社会关系问题(见第三章),许多青少年会根据社会生态状况(例如,家庭中的攻击行为、同伴群体欺凌、缺乏监督的校园环境)不断变换在欺凌中扮演的角色。

错误观点3:反欺凌政策是无效的。欺凌/受欺凌的负面影响可持续到成年期。我们知道,反骚扰、反歧视和枪支管制政策有助于提升公众对这些社会问题的认识。根据我们的经验,如果反欺凌政策不是强制的,那么许多学区都不愿意制定和采取反欺凌政策。这些政策有助于提升人们对欺凌/受欺凌的认识,并为持久的社会变革奠定基础(见第四章)。

错误观点 4:欺凌是成长过程中的"正常"部分。尽管我们知道,欺凌行为在初中阶段似乎达到高峰(Pellegrini,2002a,2002b),但在小学(Bradshaw et al.,2007)和高中(Gruber & Fineran,2007)也有欺凌行为。欺凌是一个毕生问题,而且不孤立地存在于任何一个发展阶段。欺凌也不是成长的正常部分,这些行为会有相应的法律后果(见第五章)。

错误观点 5:阻止欺凌是不可能的。大多数学校都有不同程度的欺凌/受欺凌现象,但也有许多学校和班级欺凌/受欺凌现象很少。我们知道,当学校有成年人的积极领导、学生的积极领导和健康的人际关系时,欺凌现象就会减少。阻止欺凌并不是不可能的,它需要大家共同协调和努力(见第六章)。

错误观点 6:欺凌的预防和干预措施是复杂且昂贵的。在我们与学校教职工合作的研究中,经常会听到关于缺乏资源和无法购买反欺凌项目的言论。我们可以用一个简单的事实来反击,即阻止欺凌其实就是建立健康的社会关系。帮助培养儿童的社会关系,这是免费的。如果我们教育每个孩子,要像自己期望被对待那样去对待别人,那么这种逻辑的一个明显延伸就是欺凌将不会发生。减少欺凌行为的策略并不一定是复杂且昂贵的(见第七章)。

错误观点 7:身体上的欺凌比关系或言语欺凌更有害。事实上,古老的谚语"棍棒和石头可以打断我的骨头,但言语永远不会伤害我"是不正确的。关系、言语和/或社会欺凌可能与身体欺凌一样具有危害,甚至更严重。通常情况下,关系欺凌不能被成年人轻易察觉,并且可能持续多年而后果并不明显。此外,随着电脑和手机的普及,网络欺凌已经成为一个严重问题(见第八章)。这些非公开形式的欺凌行为的负面影响也可能持续到成年时期。

错误观点 8:弄清楚如何评估反欺凌措施的成效太难了。每所学校都有数学教师,因此使用数学和统计学评估任何干预措施的效果,或调查学生和学校工作人员对欺凌/受欺凌的干预成果并不复杂。事实上,这些都是智力活动,可以很轻易地融入课程,如阅读(见第六章)或数学(见第九章)。

将研究转化为实际解决方案

家长、教育工作者和学生非常有必要阅读有关欺凌的研究文献,而不应该仅仅依赖新闻媒体或通俗读物,它们只会使有关欺凌的错误观念长期存在。例如,很多人认为只有女孩才会陷入关系欺凌。事实上,我们知道男孩也会卷入这种形式的欺凌。那么,家长、教育工作者和学生应该如何利用研究成果指导实践呢?我们希望,本书能够帮助成年人和学生形成一种基于数据的(data-based)决策思维,运用这种思维,我们可以在如何预防和减少学校和社区中的欺凌/受欺凌行为问题上作出明智的决定。当学校服务提供者(school service providers)必须接受命令采取相应的反欺凌政策时,这种利用数据进行决策的思维就会非常重要。

80/20 定律

本书不仅可以作为减少校园欺凌的指南,而且提出关于欺凌的重要论点,即借鉴科赫(Koch,1998)的 80/20 定律(80/20 principle,又名"二八定律")。科赫写道:"在社会中,20%的罪犯的罪行占所有犯罪行为的 80%。"(Koch,1998,p.4)应用于欺凌行为,这意味着 80%的欺凌事件是由 20%的学生犯下的。当我们研究关于欺凌普遍性的数据时(Nansel et al.,2001),80/20 定律似乎可以准确地适用于这一现象。因此,导向性问题就变成:"欺凌发生在什么情况之下?"如果我们可以改变欺凌发生的条件,就有机会第一时间减少或阻止欺凌行为的发生。

与 80/20 定律相关的是,环境可以鼓励或抑制欺凌这一观念。因此,为了有效减少欺凌行为,我们必须研究儿童活动的所有情境,如个人、家庭、同伴群体、学校、社区和社会。这种社会生态为欺凌能够(或不能够)发生提供了肥沃的土壤。在这些条件下进行干预将使我们有机会改变那 20%的人的行为,从而将 80%的欺凌事件减少到接近零。

欺凌/受欺凌的社会生态框架

儿童社会性的发展、维持和改变,往往是儿童的人格特征,以及这些特征与较大的子系统或社会背景(如同伴、家庭、学校)相互作用的结果。这个观点被称为社会生态理论(social-ecological theory)(Bronfenbrenner,1977,1979),它包括四个相互关联的系统：微系统、中系统、外系统和宏系统。微系统(microsystem)描绘了与个人有直接关联的系统,包括父母、兄弟姐妹、同伴和学校。中系统(mesosystem)包括各个微系统之间的相互联系,如青少年的家庭和同伴微系统。例如,对父母的依恋可能会促使孩子愿意在学校冒着风险建立友谊关系。外系统(exosystem)描述了其他系统带来的影响,例如家长对学校工作的参与。宏系统(macrosystem)包括影响人们的社会和文化因素。社会生态理论被扩展为欺凌/受欺凌的预测模型(Espelage & Swearer,2004；Swearer et al.,2006)。我们认为,欺凌/受欺凌不是孤立发生的,而是个人与家庭、同伴群体、学校、社区和社会规范之间复杂相互作用的结果(见图1-2)(Swearer & Espelage,2004)。

结论和建议

本章讨论了一些关于学龄儿童和青少年欺凌的研究,并概述了理解这些行为的复杂性的社会生态模型。很明显,欺凌/受欺凌是一个跨越小学、初中和高中的复杂现象。下一章将通过与欺凌行为相关的社会生态问题进一步阐明这一复杂现象。

如前言所述,每章都会包含一个案例及相关问题。接下来要介绍的案例从社会生态角度表明了欺凌/受欺凌的复杂性。

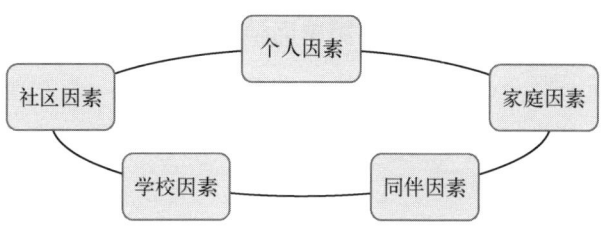

学校和社区中导致欺凌的因素有哪些？

社会生态因素	是/否	是/否	是/否	是/否/可能	请列清单
个人因素	抑郁	焦虑	冲动	缺乏问题解决能力	其他
家庭因素	监管不力	虐待	家庭暴力	缺乏家长参与	其他
同伴因素	接受欺凌	欺凌事件由一群学生所为	欺凌事件由身强力壮者所为	欺凌事件多由个人所为	其他
学校因素	成年人欺凌他人	成年人不干涉欺凌	欺凌者被惩罚（而不是被帮助）	校园风气不好	其他
社区因素	社区中有高水平的攻击行为	社区资源缺乏	存在社区—学校合作关系	学校是社区的一个重要组成部分	其他

图 1-2　欺凌/受欺凌的社会生态模型：导致欺凌的因素

注：Copyright by The Guilford Press. 此图复印件仅供本书购买者使用（Susan M. Swearer, Dorothy L. Espelage, & Scott A. Napolitano, 2009, 详情请见版权页）。

案 例

乔，名字简单而情况复杂

乔是一名正在上公立学校的 11 岁白人男孩。他来自一个多种族背景的中产阶级家庭。乔的父亲在中东出生并长大，他在 1994 年娶了一位美国姑娘，经过短暂的恋爱期他们搬到了美国。乔在出生时经历了创伤性分娩，即在母亲分娩的过程中，乔的脖子被脐带缠绕住了。因此，乔可能因缺氧而遭受了某种类型的脑损伤。但是，乔在出生后恢复得很好，而且像其他健康婴儿一样各项指标显示正常。

约 1 岁时，乔开始表现出一些异常行为。他非常地难以安抚，经常尖叫，一直在不停地动，而且无法睡整夜觉。情况继续恶化，到乔大约 18 个月大的时候，他会脱掉自己的纸尿裤，把自己的粪便涂抹得到处都是，包括他的婴儿床、墙壁和自己身上。大约三年后，他的健康的弟弟出生在这个已被一个 3 岁孩子折磨得不成样子的家庭。

在结婚十多年后，乔的父母两年前离婚了。兄弟俩和母亲生活在一起，他们的母亲非常艰难地抚养着他们俩，尤其是乔。家里没有人能够照看他，在学校他也经常遇到麻烦。

学校背景

乔是校长办公室的"常客"。他的父母和继父母也经常会接到校方的电话和参加特殊纪律会议的通知。

乔有时会哭着说："我只是想要有朋友！"他的父母说他多年来

第一章
小学、初中和高中的欺凌行为

一直会这样哭诉。当大人们和同龄人首次见到乔时,他们都会觉得乔非常讨人喜欢。他非常有礼貌、活泼,但问题是他无法维持与他人之间的关系。当新伙伴与乔接触时,他们会在几天或几周之后断定乔是"怪异的",其他孩子也认为他"很怪"。另一些孩子会因为乔"很怪"而取笑他。最后,任何曾想过要和乔做朋友的孩子都会远离乔,他就成为一个被这些孩子排斥的人,甚至有时候不仅仅被这些孩子排斥。

下面是乔的学校报告中的一些摘录。

三年级:

"很明显,他很难对任务保持持久的注意力。他往往身体上非常活跃,而且易冲动和分心,他需要不断地重新集中注意力。"

"乔需要更多个人空间。"

"乔一直在动。"

"乔在大多数学业领域都有困难。"

"他总爱讨好别人并很享受自己的学习成绩被称赞。"

"学习时他会很烦躁,总在椅子上转来转去。他似乎也会经常抓自己……这个测验乔分成好几部分去做,因为他总爱动来动去。他会在测验过程中脱掉鞋子,在阅读过程中打哈欠……"

"乔可以从朋友圈中受益,以帮助他交朋友和维持友谊。乔自己也说他想拥有朋友。"

四年级:

"他需要每天学习和练习交谈、维持友谊、合作和其他所需的特定社会技能。"

"教师对乔在社交活动中表现出的困难表示一致的担忧。"

"教师对乔的社交能力和在友谊方面的困难表示担忧。他们说乔会欺凌别的男孩,并将彼此的关系描述为双向冲突。据乔报告,他会对另一个学生说'我会打你',而那个学生会说'来啊'。教师说,乔总跟另一个学生说会打他。乔的母亲说,尽管这样,但乔可能只是想和那个学生成为朋友。"

"……乔很机灵,很明显他未能发挥全部学习潜能。"

"不恰当的行为也会被认为是有问题的……学校记录和教师报告显示,自乔九月份入学以来,就出现了说脏话、说性语言、攻击威胁、不遵守教师的要求、与同学打架、愤怒爆发、偷窃和撒谎等现象。"

"当被问及朋友时,他只能说出他有一个住在父亲隔壁的朋友。目前,他在学校里没有朋友。不过,他能说出几个他认为跑得快并想与其成为朋友的男孩。"

四年级的五月,乔在多次参与欺凌事件后,被要求让母亲带他回家,除非得到控制,否则不允许乔回学校。母亲带他去了当地医院的行为矫治科,一周后,医生说乔"完全正常",没有给出进一步的治疗建议或方向指示,而是放他出院。母亲把乔的监护权给了前夫,于是乔与父亲以及父亲的第二任妻子一起生活。

五年级:

"目标2:为了提高社会技能和改善同伴关系,乔将进行以下

10个练习中的至少8个。"

目标2由学校顾问、乔的教师、乔的特殊教育教师和语言语音病理学家负责。评估方法是行为观察、绘画和"口头表达"。不幸的是,乔没有通过任何一种社会技能测试。

五年级进度报告:

"乔试图遵循课堂要求,但并不总是成功。"

"我很担心乔看起来很差的自我概念,这会影响他与别人交流的程度。"(但已记录他在这方面取得了"充分的进步"。)除了社交技能差、注意广度狭窄和自尊低,乔还有很多明显的问题,但乔的进度报告几乎总是将他的个人教育计划进度标记为"足够"(adequate)。

课外计划

纪律报告涉及一次课外活动中乔与其他学生的争吵。学生报告乔作弊,然而乔倔强地否认这一点,并试图说指导教师的坏话。

"……我告诉他必须坐在我旁边,我们不会再容忍他在课外活动中与其他学生说任何教师的坏话。这是导致暴力的原因。"

这件事发生后几天,压垮骆驼的最后一根稻草终究还是落了下来。乔总是忍不住,继续在课外活动中说教师的悄悄话,这些悄悄话都是负面的,包括对教师的暴力威胁。整个学年,乔都在抱怨课外活动教师不喜欢他,而且对他不公平、粗鲁。他的父母也相信教师根本不喜欢乔。最后,乔和另一个学生商量把枪带到学校并射击教师来实现报复。最终,乔被永久禁止参加课外活动。另一名男孩被要求回家反省三天。

父母的想法和经历

乔告诉继母,其他学生会骂他是一个肥胖的、愚蠢的怪胎。有时候,他回到家会表现出疲惫、愤怒、沮丧。然而,大多数时候,他还是很开心的,似乎并不在意那天他在学校如何被对待。乔认为,教师不关心他,而且让其他学生远离他。乔被称为麻烦制造者,看起来他总是受到负面关注。他的继母认为,一开始教师确实尝试过帮助乔,但随着时间的推移,他们的耐心也消耗殆尽。其他学生知道如何避免麻烦,即使他们参与了欺凌行为。然而,乔并不知道如何做到这一点,并始终出现在教师的视线范围内。因此,乔经常受到批评。

有一天,乔回到家很安静,他看起来很伤心。通常,他都会非常兴奋,所以继母问他发生了什么事。乔告诉她,在学校课间休息时,他正在打篮球,当时还有其他一些同龄孩子来玩,但他们不想和乔一起玩。乔就一直在那里一个人投篮。其他孩子想要占据整个球场,于是当他们走近乔时,就不停地将他推到一边,与他纠缠并骂他。乔是一个非常固执的孩子,他不会退缩,所以他继续投篮。情况慢慢升级为喊叫和推搡,最后引起教师的注意。据乔说,教师让他"靠墙坐",而让其他男孩去打篮球。

在另一次课外活动中,乔似乎终于交到了朋友。他的朋友杰克6岁,与乔相处得很好。可能年龄小的孩子更能接受其他孩子,因为杰克似乎并没有注意到乔的一些不可接受的社会行为。乔到

第一章
小学、初中和高中的欺凌行为

杰克家和他一起玩了几次，他告诉继母，虽然杰克只有 6 岁，但他是个非常棒的小孩。有一天，当乔去找杰克一起玩时，杰克的妈妈告诉乔，他不能再过来了，因为杰克的妈妈觉得乔的年龄太大了，不能和杰克一起玩，乔为此感到非常失望。

还有一次在"冰雪皇后"（Dairy Queen）举行家庭晚会，乔非常想去。他说，他所有的"朋友"都会在那里，他必须去，而且他不希望父母同去，因为他们会让乔难堪。乔的父母最终还是去了，但承诺只坐在角落里互相交谈。他们是最早到的人。当乔的父母看着其他孩子与家人一起到来时，他们开始观察大家的行为。当只有几个孩子时，他们都非常有礼貌地彼此闲谈，似乎都接纳乔。然而，一旦有更多孩子到来，大家就开始离散开来。除了乔，所有孩子似乎都有一个"归属地"。作为一个想要社交的、易兴奋的孩子，乔试图与任何愿意倾听他的人交谈。然而，孩子们背对着他，有些人对他翻白眼，或者显示出其他负面的非言语行为。最后，大部分孩子都到外面去了，乔也去了。他独自坐在路边，吃着他的冰激凌。

乔还会反击欺凌。他一直在寻找某种形式的报复，比如想出一个小恶作剧，或者一些针对欺凌或恶作剧的暴力计划。有一次，乔和继母在逛沃尔玛超市。乔穿得像一个足球运动员。他并不在球队踢足球，但他喜欢足球，并为父亲踢足球而感到自豪。乔独自在超市闲逛，遇到了一帮十七八岁的正在购物的女孩。当回到继母身边时，他的眼睛睁得很大，表现出不安。继母问他怎么了。他说其中一个女孩刚才说"看这个小足球男孩",乔认为她们是在取笑他。在余下的整个购物之旅中,乔制定计划,即潜入停车场,并在女孩的汽车上放置某种类型的炸弹,意图伤害或致命伤害她们,以此作为让他感到不快的惩罚。

在学校,乔经常利用暴力威胁和脏话威胁去欺凌别人。乔从不欺凌无辜的人,他只对那些欺凌他的人作出反击。他很少主动发起任何身体接触,但会对身体接触作出反应。乔会骂他觉得正在烦扰自己的孩子,说他们"脑残"以及他能够想到的任何词而不管是否合理。通常,为了让自己在别人面前感觉更好、更优越,他会编造出一些荒谬的故事,比如他的父亲被列车碾过并幸存下来,或者有一次他的手指被切断了但最终并没有什么事情……他还通过讲故事以获得关注。乔会告诉人们,他会驾驶父亲的汽车。他还告诉其他人,他的父母允许他观看 R 级电影并玩含暴力情节的电子游戏,而且他拥有一把枪。他告诉人们,他会说阿拉伯语(实际上他并不会),在合适的时候,他会说自己是挪威人。他还污蔑父母经常让他熬夜。

乔的家人也会欺凌他。乔有两个与他同龄的表姐妹。多年来,她们一直折磨、排斥和嘲笑乔,似乎没有人会对此做任何事情。乔 8 岁的弟弟也发现了欺凌哥哥的乐趣,这可能是从乔的表姐妹那里学来的。有一次,乔的继母在晚上碰到乔的表姐妹站在走廊上咯咯地笑。她发现,乔的弟弟正在给大家看穿着纸尿裤在床上睡觉的乔,纸尿裤对乔来说太小了,以至于他的屁股都露了出来。

对乔的案例的思考

总之,对和乔面临相同困难的学生来说,学校并不是一个可以获得积极体验的地方。教师和学校根本没有资源,或者没有提供指导行为障碍儿童所需的资源。像乔这样的孩子是绝对的欺凌目标群体,他们没有必要的技能来应对焦虑、悲伤和愤怒。他们需要学习社会技能,以及如何与欺凌他们的同伴交流。学校需要更好地识别欺凌行为并进行干预。乔被他的社区、同伴群体、普通医生、顾问、精神科医生、家庭成员、教师和整个公立学校系统遗弃。乔的父母非常担心乔,他们想知道乔在成长过程中能够学会哪些技能。他们最大的希望就是,乔能够坚强并克服这些困难,冲破逆境。他们最担心的是,乔会被他忍受的日常情绪攻击和自己的内心斗争打倒。

后续问题

1. 请记住欺凌的社会生态模型。在乔的案例中,影响这种情况的个人因素是什么?家庭因素呢?同伴因素呢?学校因素呢?社区因素呢?文化因素呢?

2. 我们知道"零容忍"对这类学生来说通常是无效的。在学生暴力威胁时,你的学校有哪些替代的解决办法?停学和开除是你们唯一的选择吗?

3. 如何描述乔的家人与学校工作人员之间的关系?你是如何

支持和加强你所在学校的家校关系的？

4. 许多特殊教育学生在欺凌和/或受欺凌方面会遇到问题。想想你所在学校的那些有特殊需求的学生。他们是否能在学校感受到支持？学校又是如何促进对差异的尊重的？

第二章
与欺凌行为相关的社会生态问题

在第一章,我们根据布朗芬布伦纳(Bronfenbrenner,1979)著名的社会生态理论概述了欺凌行为的社会生态模型。简而言之,从这个角度来看,欺凌行为来自儿童先天的气质和性格的复杂交错,其中性格会在童年期和青春期进入不同环境时发生改变。家长、同事和朋友,乃至理发师和出租车司机经常会问我们一个常见的问题:"什么会导致孩子欺凌他人?"为了回答这个问题,我们从研究文献中摘录了以下情景。

想象一下,一个11岁的女孩萨莉,她的性格被描述为冲动的和易怒的,尤其是在她经历挫折的时候。单独这一点并不会使我们担心她会欺凌别人。但是,如果萨莉生活在一个愤怒管理能力很差或普遍缺乏情绪调节训练的家庭,而她的姐妹又总是欺凌她,那么会有更多证据表明,萨莉可能具有在学校欺凌他人的风险。我们发现,萨莉去了一所没有明确的欺凌应对政策的学校,在那里教职工或管理人员并不会及时处理欺凌事件。她的人格特征会与低亲社会性的环境相互作用,然后当萨莉加入一个以欺凌他人为乐的同伴群体时,她就会有参与欺凌的风险。在这个例子中,显然个人人格因素会影响社会环境是否加剧或减少欺凌行为。此外,作为欺凌受害者的儿童也具有一些个人人格特征(例如害羞、社交技能缺失),当他们进入不同社会环境时,这些特征对他们的社会性发展也会产生影响。

个人因素和社会环境因素彼此嵌入,以交互、循环的方式相互影响。也就是说,欺凌他人的儿童和青少年在家庭、学校和社区中不可避免地会被差别对待。同样,在某些情况下,受欺凌的儿童和青少年可能也会受到社会环境的影响,导致不同方面受害程度增加,或者可能导致他们无法接触其他人且无法充分利用这些环境。事实上,作为受欺凌者的儿童和青少年有时可以准确地感知到这些环境是不安全的和不可容忍的。这一复杂现象正是本章探讨的重点。这些儿童和青少年,不论被认定为欺凌者、受欺凌者或兼具欺凌和受欺凌者,都要面对他们个人社会性发展和心理健康发展的结果,以及与家人、朋友、同龄人、教师和管理人员交往的结果。本章简要回顾了对这些结果的研究,包括好的和坏的,并特别关注研究的临床影响。

心理因素

各种各样的情绪会围绕着遭受欺凌或实施欺凌的经历。相比于没有受欺凌的同伴,那些受欺凌的青少年会报告更多的孤独感、更严重的学校逃避、更多的自杀意念和更低的自尊(Hawker &

Boulton，2000；Kochenderfer & Ladd，1996a）。抑郁也被认为是男性和女性受欺凌者常见的心理健康症状（Kaltiala-Heino，Rimpelae，& Rantinen，2001；Swearer，Song，Cary，Eagle，& Mickelson，2001）。此外，受欺凌也与身体健康问题有关，例如头痛和胃痛（Srabstein，McCarter，Shao，& Huang，2006）。与同龄人相比，受欺凌者往往会被定性为更缺乏安全感、更焦虑和更安静（Olweus，1995a），报告受欺凌率高的儿童的成绩低于未被认定为欺凌者或受欺凌者的儿童的成绩（Graham，Bellmore，& Mize，2006）。施瓦茨等人（Schwartz，Gorman，Nakamoto，& Toblin，2005）发现，随着时间的推移，受欺凌预测了学习成绩不佳。受欺凌会对儿童产生短期和长期（直到成年期）影响。奥维斯（Olweus，1995b）对23岁的被试开展了一项纵向研究，结果证明了受欺凌的长期影响，那些在青少年时期受欺凌的人比没有受欺凌的同龄人表现出更明显的抑郁症状和更低的自尊。

受欺凌的青少年倾向于报告更多的内化问题行为（例如抑郁、焦虑），实施欺凌的学生比同龄人更可能表现出外化问题行为（例如品行问题、较低水平的校园归属感、参与违法行为）（Espelage & Holt，2001；Haynie，Nansel，& Eitel，2001）。身体健康问题并不是受欺凌者特有的，也就是说，欺凌者也会比未参与欺凌的青少年报告更显著的身体健康症状（Srabstein et al.，2006）。此外，愤怒已被发现是欺凌行为的重要预测因素（Espelage & Holt，2001）。有研究发现，容易抑郁并因此有较低自尊的学生可能会挑衅或欺凌他人,以使自己感觉更好。这种愤怒如果不被注意,可能会导致更严重的犯罪。奥维斯(Olweus,1993a,1993b)发现,在挪威,小时候是欺凌者的人更有可能在成年期犯罪。另一项对美国欺凌青少年进行的研究表明,这些人中有1/4可能在30岁以前有犯罪记录(Eron,Huesmann,Dubow,Romanoff,& Yarnel,1987)。

重要的是,要记住大多数有关欺凌/受欺凌行为与其对应结果的研究在很大程度上都是相关研究,这就意味着不能得出欺凌/受欺凌行为会导致这些结果的结论。有研究人员已发现,欺凌/受欺凌行为与其他潜在的中介变量之间存在复杂的关系。例如,当被戏弄时,对一些人来说,戏弄的结果是使他们质疑自己的身份,想知道是什么促使他们受欺凌,随后这些想法可能会导致沮丧的感觉,比如抑郁或者低自信、低自尊(Graham & Juvonen,2001)。那些经常在学校受到欺凌的学生会报告更高水平的状态焦虑和特质焦虑,这一点并不令人惊讶(Craig,1998;Rigby & Slee,1993)。受欺凌往往是不可预知的,发生在大人少的地方,这可能会造成恐惧和高度警惕,从而加剧焦虑。

最后,要认识到兼具欺凌和受欺凌者(bully-victims)代表的是最具风险的青少年群体。兼具欺凌和受欺凌者是那些报告受到同伴欺凌且欺凌同伴的学生。兼具欺凌和受欺凌者表现出更多的外化问题行为,更活跃,而且比同龄人更有可能被转诊到精神病咨询中心(Nansel et al.,2001;Nansel,Haynie,& Simons-Morton,2003)。与欺凌者和受欺凌者相比,兼具欺凌和受欺凌者也被发现会报告更高水平的抑郁(Austin & Joseph, 1996; Swearer et al., 2001c)。同样,兼具欺凌和受欺凌者的学业成绩低于欺凌者和受欺凌者的学业成绩,也被教师报告是最难融入课堂的学生(Graham et al., 2006)。

总之,有相当多的证据表明,作为受欺凌者、欺凌者或兼具欺凌和受欺凌者,卷入欺凌行为与严重的短期和长期心理及学业问题相关。尽管有这么多证据,许多遭受心理和身体健康问题困扰的儿童却没有得到父母、教师和家庭医生的注意。关注儿童和青少年情绪或学业表现上的任何系统变化都是非常重要的。与儿童有接触的专业人士,包括护士、社会工作者、教师和儿科医生,应特别询问儿童有关受欺凌或欺凌的经历。问题的形式应该是开放式的,需要在使欺凌经历正常化的前提下提问,同时要创造条件让学生感到轻松并坦率地表达自己的感受。

同伴影响

同伴在儿童和青少年的社会性发展中发挥着不可或缺的作用。新近研究表明,同伴是支持和维持学校受欺凌和欺凌行为不可缺少的部分。一些主流理论均表明,孩子从同伴那里学会了欺凌。此外,有些欺凌他人的学生还是群体中最受欢迎的学生,受到其他人的尊敬。尽管同伴影响的过程比较复杂,但在这里我们以简单的术语概述主要理论,以便直接指出同伴是如何被用来预防欺凌和受欺凌行为的。

第一个理论称为同质性（homophily）理论（Cairns & Cairns, 1994；Espelage, Holt, & Henkel, 2003）。虽然许多读者可能并不熟悉这个理论，但它背后的概念很简单。举个例子，就像"物以类聚"。小学后期到高中的学生倾向于跟与自己有相似态度、兴趣和行为的同龄人在一起玩或成为朋友。确实，一些学生会根据这些特征的相似性来选择同伴，而且同伴之间也会通过内化群体规范来适应社会，从而形成相似的行为和表现方式（Kandel, 1978）。欺凌相关文献均支持同质性理论，发现同一个友谊群体内的个体倾向于报告相似水平的欺凌行为（Espelage et al., 2003；Espelage, Green, & Wasserman, 2007）。简而言之，欺凌者经常与欺凌者在一起玩。但是，并非所有的同伴群体一开始就都由实施欺凌的成员组成。也就是说，在一个同伴群体中，具有较高社会地位的欺凌者会影响他们的朋友，使其参与欺凌行为。此外，即使控制了个人自身的欺凌基线水平，随着时间的推移，同伴群体内的欺凌水平也能够预测青少年的欺凌行为，这一发现对男性和女性均适用。

如图1-1所示，人们在欺凌/受欺凌的角色间来回变换。萨尔米瓦利等人（Salmivalli et al., 1996）在过去的十年里专门研究了当欺凌发生时儿童扮演的各种角色。结果发现，儿童并不总是被同一个人欺凌。相反，欺凌会涉及多个主动和被动参与的人。学生可能通过追赶或阻拦受欺凌者从而在欺凌过程中充当助攻的角色，还可能通过鼓励欺凌者继续对受欺凌者采取攻击行为或进一步挑衅受欺凌者来强化欺凌行为。还有一些学生,尽管为数不多,他们会试图阻止欺凌并为受欺凌者寻求帮助,或在欺凌事件结束后为受欺凌者提供心理支持。剩下的学生则被归类为局外人或旁观者,他们不会参与欺凌,或者当欺凌事件发生时会离开(Salmivalli et al.,1996)。

同质性理论认为,孩子会选择跟与自己有相同想法的欺凌相关人员在一起。其他理论为这种社会化发生的方式和原因提供了一些解释。支配理论(dominance theory)就是其中之一。攻击行为一直被视为在儿童群体中建立支配地位的一种手段。发展心理学家已经证明,在群体中建立更高的地位可以获得更多资源,而且可以更好地控制或影响其他同伴(Bjorklund & Pellegrini, 2002; Boulton, 1992; Pellegrini & Long, 2002)。支配地位可以通过亲和型(如领导)或对抗型(如欺凌)方式获得(Hawley, 1999)。研究表明,支配地位最初是在小学高年级阶段通过对抗型方式建立的,随后在初中阶段采用亲和型方式或者进一步通过同伴群体而建立(Pellegrini & Long, 2002)。

对支配地位和相应年龄阶段发展的需求可以说明,为什么欺凌的盛行随着年级的变化而变化。更具体地说,欺凌行为通常会在过渡阶段有所增加,如从小学过渡到初中阶段(Pellegrini & Bartini, 2001; Pellegrini & Long, 2002)。在这些过渡阶段,通常会出现主要联系群体的改变以及新的校园环境。在这些时间点,欺凌手段经常用于控制其他学生,并直接影响儿童和青少年在这些同伴群体中扮演的角色。下面举例说明这种现象。来自某学区的数据表明，其学校系统中欺凌行为的数量在五年级（小学最后一年）到六年级（初中第一年）急剧增加。小学和初中的工作人员，以及学区的工作人员决定让五年级的全体学生同时进入六年级。随着时间的推移，他们指出，在小学最后一年和初中第一年，同伴群体结构的一致性使该校六年级学生的欺凌行为减少。此外，该中学还决定在整个初中阶段让一名学校顾问跟随同一批学生（而不是六年级一个顾问，七年级和八年级再安排不同的顾问）。对学生来说，一直拥有同一名顾问也会帮助他们应对初中阶段复杂的社交环境。小学、初中和学区工作人员之间的合作有助于改善与欺凌行为增加相关的主要因素。

与理解同伴对影响和维持校园欺凌行为的作用密切相关的第三个理论是吸引力理论（attraction theory）。吸引力理论认为，青少年都喜欢那些具有反映独立性特征（如犯罪、攻击、不服从）的人，而不喜欢那些具有反映童年期特征（如顺从、服从）的人，因为他们试图独立于父母（Bukowski, Sippola, & Newcomb, 2000; Moffitt, 1993）。研究者认为，青少年在从小学到初中的过渡阶段，会对具有攻击性的同伴产生喜爱。在一项对217名处于这一过渡阶段的男孩和女孩的研究中，布可夫斯基及其同事发现，进入初中时，女孩和男孩对具有攻击性的同伴的喜爱有所增长。这种增长在女孩身上表现尤为明显，这与佩莱格里尼和巴蒂尼（Pellegrini & Bartini, 2001）的研究结果一致，即初中阶段后期的女孩,会在一个假想派对上选择那些"具有支配地位的男孩"作为自己的约会对象。

关于受欢迎程度的研究也支持这些结论,即欺凌者和高攻击性的孩子并不总是被同伴讨厌,而且不像多年前攻击行为的研究者所认识的那样被社会排斥。相反,在某些情况下,小学高攻击性的孩子和欺凌者会被同伴评为受欢迎的人(Rodkin, Farmer, Pearl, & Van Acker, 2000),而且他们会跟同样受欢迎和具有攻击性的人来往(Farmer, Estell, Bishop, O'Neil, & Cairns, 2003; Farmer et al., 2002)。随着孩子进入初中,那些"不好惹的男孩"也会被其他高攻击性的男孩和一些女孩认为"很酷"(Rodkin, Farmer, Pearl, & Van Acker, 2006)。

认识到同伴群体如何在某些时候成为儿童和青少年重要的支持来源,这一点很重要。同伴群体可以帮助培养亲社会的、关爱的态度和行为。例如,相比于其他同伴,六年级时亲社会行为水平较低的青少年在八年级末会表现出亲社会行为的改善(Wentzel & Caldwell, 1997)。当学生受伤害时,同伴也可以成为支持来源(Demaray & Malecki, 2002)。在一项研究中,对那些拥有足够社会支持的青少年来说,同伴欺凌与他们内化和外化的问题行为无关(Hodges & Perry, 1999)。

家庭因素

家庭是孩子适应社会的主要媒介。父母、兄弟姐妹和其他照顾者会教导孩子识别情绪、调节情绪、协商冲突、解决问题，以及其他生活技能。不幸的是，有时候孩子会表现得不符合成人的期待，他们学会攻击性态度，识别或调节情绪有困难，缺乏应对痛苦情况的合理情绪，而且经常难以通过必要的问题解决能力或应对技能来管理自己的学校和社区生活。家庭氛围差异很大。然而，欺凌者、受欺凌者或兼具欺凌和受欺凌者的家庭会有一些共同的特点。欺凌者报告，他们的父母更专制，纵容"反击"，而且会使用体罚(Baldry & Farrington, 2000; Loeber & Dishion, 1984; Olweus, 1995b)，这些家庭被描述为缺乏温暖的和不完整的，家庭凝聚力弱，家庭冲突严重(Oliver, Oaks, & Hoover, 1994; Olweus, 1993a; Stevens, De Bourdeaudhuji, & Van Oost, 2002)。

依恋类型对欺凌和受欺凌的出现也具有重要意义。具体而言，在18个月时有不安全型、焦虑回避或焦虑抵抗型依恋风格的儿童，比安全型依恋的儿童更可能在四五岁时卷入欺凌行为(Troy & Sroufe, 1987)。此外，麦克费迪恩-凯彻姆、贝茨、道奇和佩蒂特(McFadyen-Ketchum, Bates, Dodge, & Pettit, 1996)发现，具有亲密母子关系的攻击性儿童在攻击性/破坏性行为方面表现出显著的下降趋势。

一项研究调查了从小学到初中过渡时期欺凌行为的预测因素，埃斯皮莱奇、霍尔特、波蒂特和范博芬(Espelage, Holt, Poteat, & VanBoven, in press)发现，五年级时学生对教师的依恋是学生在六年级表现出较低水平欺凌的有力预测因素，甚至在控制了五年级的欺凌水平之后仍是如此。此外,教师依恋是较低水平欺凌的最强预测因素,而其他因素(如父母依恋、社会接受度和心理功能)在控制先前的欺凌水平之后,与较低水平的欺凌相关并不显著。这一发现为社会环境的重要性提供了支持,同时也为学生与同伴以及教师之间互动的重要性提供了支持,从而说明和预测了学生在过渡时期可能出现的欺凌行为。

父母的社会支持是与欺凌参与有关的另一个因素。与其他没有卷入欺凌的初中生相比,作为欺凌者以及兼具欺凌和受欺凌者的初中生表示,父母给予他们的社会支持更少(Demaray & Malecki,2003)。有关家庭结构与欺凌之间关系的研究得出了矛盾的结果。一些研究表明家庭不完整的青少年参与欺凌的风险更高(Flouri & Buchanan,2003),另一些研究却没有发现这一联系(Espelage et al.,2000)。还有研究发现,目睹家庭暴力和遭受虐待与欺凌行为有关(Baldry,2003;Shields & Cicchetti,2001)。

受欺凌者的家庭拥有一系列特征,例如往往具有较强的凝聚力(Bowers,Smith,& Binney,1994)。此外,受欺凌者的父母很少采用权威型教养方式(Smith & Myron-Wilson,1998),家庭中的协商水平较低(Oliver et al.,1994)且冲突水平较高(Mohr,2006)。有证据表明,家庭结构和收入与被同伴欺凌有关。在一项对北欧儿童的研究中,单亲、社会经济地位较低的家庭的孩子与受欺凌概率的升高有关(Nordhagen,Nielsen,Stigum,& Kohler,

2005)。此外,如邓肯(Duncan,2004)所总结的那样,受欺凌者的家庭特征似乎因孩子的性别而异。例如,男性受欺凌者往往与母亲的关系过于密切,但女性受欺凌者更有可能缺乏母爱。最后,同伴受欺凌与其他领域的受欺凌也存在高度相关,如儿童虐待(Holt,Finkelhor,& Kaufman Kantor,2007)。

尽管有证据表明,兼具欺凌和受欺凌者的父母往往比未参与欺凌者的父母更缺少温暖,更过度保护,但很少有研究关注兼具欺凌和受欺凌者的家庭环境(Schwartz,Dodge,Pettit,& Bates,1997;Smith,Bowers,Binney,& Cowie,1993)。此外,兼具欺凌和受欺凌者家庭的凝聚力较弱,但不像欺凌者家庭的凝聚力那么弱(Bowers et al.,1994)。

越来越多的文献评估了兄弟姐妹攻击的影响。邓肯(Duncan,1999)调查了375名初中生,其中336人有兄弟姐妹。调查显示,42%的人表示他们经常欺凌自己的兄弟姐妹,24%的人表示他们经常推或碰自己的兄弟姐妹,还有11%的人表示他们经常打自己的兄弟姐妹。30%的人报告,兄弟姐妹经常欺凌自己,其中22%的人表示自己经常被打或推,8%的人表示自己经常被兄弟姐妹殴打。与这次讨论最为相关的是,研究发现57%的欺凌者和77%的兼具欺凌和受欺凌者报告他们也欺凌自己的兄弟姐妹。鲍尔斯等人(Bowers et al.,1994)的研究发现了一种类似的关系模式,即欺凌他人的青少年报告与兄弟姐妹之间存在不良和矛盾的关系,并认为兄弟姐妹比自己更强大。受欺凌的青少年则刚好相反,他们报告与兄弟姐妹之间存在过分亲密的良好关系(Bowers et al., 1994)。

学校因素

社会控制理论(social control theory)是文献中解释亲社会行为和反社会行为发展的主要理论(Hirschi,1969)。该理论假定,随着与社会中的传统机构(如学校、教堂、社区组织)建立联系,人们不太容易犯错,并可能内化恰当的行为规范。大多数孩子小时候都去过的一个传统机构就是学校。积极的学校联系与学生较少的药物滥用、逃学以及其他不良行为有关(Hawkins, Catalano, & Miller, 1992)。然而,学校环境的哪些方面会干预家庭或社区环境对儿童的影响,近几十年仍存在很多争论。早期研究主要集中在学校环境中有形的、物质的方面,包括师生比例、人口和预算(Griffith, 1996; Huber, 1983; Rutter, Maughan, Mortimore, Ouston, & Smith, 1979),这些因素与学生的学习成绩之间的关系并不一致。

当前,研究将学校的影响扩展到更为广泛的领域,包括学校政策、教师态度和校园风气等,这些都有可能影响儿童的学业、社会和心理发展。卡森及其同事在过去17年间发表了大量校园风气相关因素之间关系的研究(Kasen, Berenson, Cohen, & Johnson, 2004; Kasen, Cohen, & Brook, 1998; Kasen, Johnson, & Cohen, 1990)。在他们早年的研究中,卡森等人(Kasen et al., 1990)发现,如果学生（6~16岁）所在的学校学生矛盾和师生矛盾比较突出，那么他们的对抗、注意力和品行问题都可能有所增加。如果学生所在的学校强调学习、组织良好、关系和谐，则上述问题有所减少。一项运用此样本的后续研究发现，6年后，矛盾突出的学校的学生酗酒风险和刑事定罪风险明显升高（Kasen et al.，1998）。

校园风气对欺凌/受欺凌有着极其重要的影响。卡森等人（Kasen et al.，2004）的研究全面考察了校园风气对言语和身体攻击、愤怒、学校问题指数的影响。在这项研究中，250个学校的500名儿童（及其母亲）间隔两年半的时间，即在13岁6个月和16岁时接受了调查。调查问卷包含45个项目，涵盖评估学校环境中社会与情感特征的多个量表，如冲突量表（conflict scale）（课堂控制、师生冲突）、学习焦点量表（learning focus scale）、社交促进量表（social facilitation scale）和学生权威量表（student authority scale）（学生在政治和规划上有发言权），这些量表上的得分为预测变量。结果变量的测量也包括一系列量表：学校问题（school problems）、异常行为（deviance）、叛逆（rebelliousness）、愤怒（anger）、身体和言语攻击（physical and verbal aggression）以及欺凌（bullying）。结果发现，在控制攻击行为的基线之后，高冲突学校的学生，其言语和身体攻击显著增加。相比之下，强调学习的学校，其学生的攻击行为和其他与学校有关的问题明显减少。令人感兴趣的是，研究人员发现，在非正式关系水平较高的学校，欺凌行为在两年半的时间里有所增加，而在高冲突且低管束的学校，欺凌现象随时间的推移增加最为明显。

从小学到初中,成人监督的水平逐渐降低,因此校园风气是一个特别值得考虑的重要变量。反过来,较少的监督与初中生欺凌率的升高相关,特别是在操场和食堂等地方(Craig & Pepler, 1997)。此外,在班级之间的走廊(American Association of University Women, 2001)以及学生经常报告感觉不安全和害怕的其他地方(Astor, Meyer, & Pitner, 2001),欺凌的发生率也较高。阿斯特及其同事(Astor et al., 2001)就中小学生和教师如何找到学校公共区域的暴力易发地点提出了进一步的见解。在这项研究中,研究者利用领地性(territoriality)理论和未定义的公共空间(undefined public spaces)理论来论证欺凌和其他暴力行为更有可能发生在未定义的公共空间(例如走廊、楼梯间),而不是那些被更多定义为私人领地(如教室)的地方。作为研究的一部分,5所小学和2所初中的二年级、四年级、六年级和八年级的学生都会收到他们学校的地图,并要求找出他们觉得不安全或感到危险的地方。

定性和定量的分析研究均支持早期的校园风气研究,但也提供了一些新的信息,对学校管理人员制定预防措施有直接启示。毫不奇怪,所有学校的学生都认为缺乏成人监督和管理的地方是不安全的。拥挤和欺凌一直被认为是感觉不安全的原因。初中生相对于小学生更缺乏安全感,而且不确定可以向哪些成年人求助。同样,中学教师报告,在他们监督公共空间时会发现更多冲突。尽管初中生报告大多数未定义的公共空间都是不安全的,但小学生会比初中生更感觉到操场是不安全的。这些结果表明,通过阿斯特等人(Astor et al., 2001)的地图事先了解欺凌发生的位置,可以减少欺凌。这些数据之后可以用来增加对欺凌高频区域的监控。

欺凌也发生在教室内。课堂活动和教师的态度也是导致欺凌的校园风气的重要组成部分。在不同的班级,攻击行为会有所不同,在某些情况下,攻击行为是受支持的。例如,研究人员发现,小学阶段的攻击水平在各个班级之间有显著差异(Henry et al., 2000;Kellam, Ling, Merisca, Brown, & Ialongo, 1998)。此外,在支持攻击行为的班级里,随着时间的推移,高攻击性的学生会比不支持攻击行为的班级里的学生更加具有攻击性。在儿童参与度较高的班级(Murray & Lussier, 2001),教师对儿童表现出温暖和回应的班级(Olweus et al., 1999),以及教师对欺凌事件反应迅速且有效的班级(Olweus, 1993a, 1993b),欺凌现象不会那么普遍。此外,胡佛和哈泽尔(Hoover & Hazler, 1994)指出,当学校工作人员容忍、忽视或排斥欺凌行为时,他们实际上就是在向学生隐晦地传达受欺凌的学生所内化的那些价值观。此外,学生往往是在成人不在的时候欺凌别人。

社会后果

当然,欺凌或受欺凌并不是学校特有的。在其他场所,包括工作场所和监狱,欺凌或受欺凌也常有发生。即使在预防措施最佳的环境中，欺凌也不会轻易地消失，从本章讨论的一些文献中可以清楚地看出，欺凌的诱因有很多，而对于受欺凌者，我们给予的支持太少。有时候，欺凌者利用攻击行为可以获得他们想要的东西，这种行为可能会延续到他们的亲密关系和工作关系中。例如，有一些数据初步显示，在小学高年级欺凌同龄人的学生更有可能在中学时期对同龄人进行性骚扰（Pelligrini，2002b），更有可能对约会对象进行言语和身体虐待（Connolly，Pepler，Craig，& Taradash，2000）。尽管还需要大量研究来证实这些攻击形式之间的联系，但初步证据已表明，在这些表象之下潜藏着一些相似的因素。下一章进一步讲述这些研究，并将欺凌看作一个社会关系问题进行讨论。

结论和建议

本章介绍并简要讨论了与欺凌和受欺凌行为的发展及维持有关的因素。从文献中可以清楚地看到，欺凌是由多种因素造成的，包括儿童的个性、家庭环境、同伴以及学校经历。有参与欺凌行为风险或受欺凌风险的儿童和青少年会报告他们遇到了多重风险因素，并且对他们的保护太少。从研究中可以清楚地看出，有几个"终结点"（stopping point）可以让儿童不成为欺凌者、兼具欺凌和受欺凌者、受欺凌者。也就是说，社会的支持、朋友的支持、积极的校园风气、参与课外活动以及家庭的支持都有助于保护儿童或阻止儿童经历欺凌，这些因素也有助于减少有害行为的心理影响（见图 2-1）。

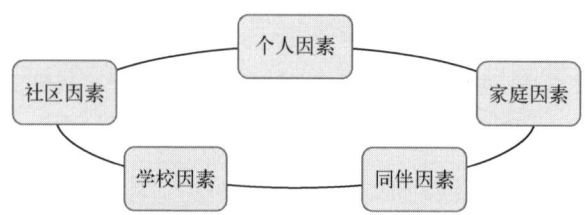

在每个"终结点"你可以实施哪些干预措施?

社会生态因素	是/否	是/否	是/否	是/否	请列清单
个人因素	个人咨询	小组咨询	学校心理学家、顾问和社会工作者会提供帮助	教授良好的问题解决能力和冲突解决能力	其他
家庭因素	与父母/照顾者合作	鼓励父母参与	举报任何可疑的忽视或虐待	为父母创造一种支持性的氛围	其他
同伴因素	教导欺凌的负面后果	积极介入同伴群体并解散不良群体	发现并表彰积极的领头者	在学校营造阻止欺凌行为的环境	其他
学校因素	尊重所有成年人和学生	当成年人看到欺凌时会实施干预	欺凌别人的学生会得到帮助并被教导如何改变行为	校园风气是积极的	其他
社区因素	社区领导共同努力创建一个良好的社区	社区资源被用来支持学校和家庭	社区—学校伙伴关系已建立	学校是社区中充满活力的一部分	其他

图 2-1 欺凌/受欺凌的社会生态模型:干预措施

来自苏珊·M. 斯韦勒、多萝西·L. 埃斯皮莱奇、斯科特·A. 纳波利塔诺(Swearer, Espelage, & Napolitano, 2009)。The Guilford Press 版权所有。此图复印件仅供本书的购买者使用(详情请见版权页)。

第二章
与欺凌行为相关的社会生态问题

案例

安 德 鲁

安德鲁是学校天才班的学生。上初中以前,安德鲁在学业领域表现得非常出色。然而,到了初中,他的成绩开始下滑。他对学习的热爱和学校的热情迅速减弱。此外,安德鲁在上学期间开始经常抱怨胃痛和头痛。安德鲁的父母试图和他谈谈,但他总是说一切都很好。他的老师也不知道是怎么回事,在秋季会议期间,他们甚至一度怀疑安德鲁家中是否有什么事情使他压力过大。

安德鲁的父母对此无能为力,于是带着安德鲁来到儿科医生这里检查身体。儿科医生表示,安德鲁身体非常好,随后建议他去眼科检查。他的视力检查结果也很好。在排除了身体健康方面和视力方面的问题之后,安德鲁的医生建议他的父母安排安德鲁与儿童心理医生见面,以排除可能的心理障碍,如抑郁症。一开始,安德鲁的父母并不愿意把他带到心理医生那里,因为他们不知道会有什么效果。此外,安德鲁自己也不愿意去看心理医生,他坚持认为自己没什么心理问题。但是,当安德鲁的父母收到他第一学期的好几个"F"成绩单后,还是安排了他与心理医生见面。

尽管安德鲁最初不愿意去看心理医生,但他的父母坚持治疗。安德鲁逐渐开始与心理医生建立信任关系,开始分享更多在学校里困扰他的事情。班上的大多数男孩总是排斥他,不和他一起玩。不管是在校内还是在校外都如此。例如,有一个男孩计划开一场派对,但没有邀请安德鲁。当安德鲁询问这件事时,其他男孩总是会说抱歉，并称那个男孩一定是忘记邀请他了。安德鲁努力让自己相信，这也许就是简单的疏忽。然而，随着这类事情的持续发生，安德鲁认识到这也许并不是简单的疏忽。此外，在学校安德鲁经常会被告知不能在午餐时间坐在某些桌子旁或在课间时间参加某些活动。安德鲁对他的心理医生说，他感到很羞愧和孤独。一开始，他本想和教师、家长谈谈这件事，但担心他们知道后的反应。他担心他们会认为自己是一个"失败者"或"被排斥的人"。安德鲁的父母有很多朋友，他觉得自己的状况也可能会使父母感到难堪。

对安德鲁的案例的思考

安德鲁描述的状况似乎适用于越来越多的孩子。许多受欺凌的孩子都会因发生的事情而感到难堪，他们通常不愿意与父母或教师谈论发生的事情，特别是男孩，他们往往认为受欺凌是自身软弱的表现，并似乎因此而感到更加耻辱。此外，男孩还经常会被教导不要说闲话，自己处理一切状况。他们可能会把自己的担忧和压力隐藏，这往往会对他们的日常行为产生负面影响。当你感到担心、有压力和不安时，很难充分发挥自己的潜力。安德鲁说他不能专注于自己的功课，因为他非常关注被同学欺凌这个事实。

父母应如何应对这种情况呢？从很小的时候开始，孩子就需要感受到，无论发生什么，父母都会倾听并接纳他们。学习如何表达和谈论感受非常有必要。培养对感受的自由表达并努力创造一种让孩子感觉被接纳的环境至关重要，因为这样可以追踪孩子的想法。当行为、情绪或身体机能发生重大变化时，通常表明存在较大的问题。在安德鲁的案例中,他父母的直觉告诉他们,不应该接受安德鲁所说的认为一切都很好的断言。他们采取措施,见了很多医生,尽管安德鲁最初非常抗拒。

当安德鲁开始与心理医生交谈并直面自己的问题后,事情有所好转。安德鲁学会了用更有效的技巧来应对困难。此外,他还能制定建立和维持积极同伴关系的策略。

后续问题

1. 欺凌的社会生态理论鼓励我们思考个人、同伴、家庭、学校和社会因素,这些因素相互作用导致欺凌行为。那么,造成安德鲁的情况的社会生态因素又有哪些呢?

2. 过渡到初中后,安德鲁的成绩开始下滑,他经历了心身抱怨。他的父母注意到这种行为的改变,并带他去看了心理医生。思考一下你知道的发生行为改变的学生。学校有为这些学生提供转诊服务吗?

3. 我们经常听说,在学校遭受欺凌时,学生通常不会告诉大人,因为他们害怕别人认为他们是软弱的和被排斥的。大人应如何鼓励学生自由表达自己的感受呢?学校或家庭有哪些鼓励分享感受的方法?

4.《真正的男孩》(*Real Boys*,1998)的作者威廉·波拉克写道,许多男孩都很抑郁和孤独,社会迫使他们抑制自己的真实情绪。有哪些方法可以鼓励男孩谈论他们受欺凌或欺凌别人时的感受呢？我们的社会鼓励力量（strength）、权力（power）和支配（dominance），这种社会压力会给青少年传达怎样的与健康的人际关系和尊重他人的重要性相矛盾的信息？

第三章

欺凌是一种社会关系问题

为什么儿童不能好好相处？为什么在儿童发展的每一个转折点都需要教导他们学会尊重？为什么儿童会去羞辱和恐吓他人，而不是互相鼓励和支持？本章将详细阐明这些问题。但前提是，欺凌应该被视为一种社交和社会性问题。此外，欺凌也是一个共同的社会问题，是所有人都应该关心的问题，而不仅仅是学龄儿童的父母应该关心的问题。这个前提意味着，欺凌影响每一个人。本章概述了学校和社区中欺凌发生的主要诱因，并讨论了欺凌者、受欺凌者、兼具欺凌和受欺凌者如何组成一个社会，在这个社会中儿童和青少年不会因为他人的不尊重和忽视而受到影响。我们的孩子往往对不尊重感到麻木，这只会使欺凌成为永久性的社会关系问题（Pepler，Craig，& O'Connell, in press）。当学生高中毕业时，这种不尊重并不会消失。这些态度和行为会被内化到以后的约会环境、工作环境、家庭环境和社区环境中。因此，我们有必要将欺凌理解为社会的问题，而不仅仅是学校的问题。

欺凌、社会技能缺失和心理理论

要想理解儿童的欺凌是一个社会问题,我们必须首先讨论与欺凌相关的内部认知和情感因素。欺凌是一个社会问题,它干扰健康的、相互尊重的关系的发展,而与欺凌相关的内部认知和情感因素正是欺凌成为一个社会问题的根本。几十年来,基础心理学和应用心理学文献都给我们留下了这样的印象,即欺凌者之所以缺乏社会技能并常诉诸暴力,仅仅是因为他们没有建立和维持关系的能力。根据这种结论,欺凌者通常是智力低下且社会技能差的人,他们诉诸暴力是因为不知道解决社会问题的其他方式(Crick,1999)。

从认知框架来看,社会信息处理技能的缺失可以用来解释儿童和青少年如何变得具有攻击性(Dodge, Pettit, McClaskey, & Brown, 1986)。社会技能缺陷模型(social skills deficit model)指出,具有攻击性的个体更有可能在任何社会信息处理水平上表现出问题。在心理学文献中,一个与编码有关的问题被称为"敌意归因偏差"(hostile attribution bias)(Coie & Dodge, 1998),即具有攻击性的个体更可能将不明确的社会线索解释为恶意的。在表征和处理方面,一般认为具有攻击性的儿童理解他人心理状态的能力很差,自我控制能力差,判断力不足,从而导致冲动和潜在的暴力行为(Berkowitz, 1993)。

尽管这种描述可能正确地捕捉到一些欺凌者和/或兼具欺凌和受欺凌者的特征,但令人怀疑的是,社会技能缺陷模型是否应该被视为所有类型的攻击行为，特别是欺凌的一般模型。换句话说，虽然社会技能缺陷模型（Dodge & Coie，1987）继续主导着心理学文献，但是欺凌预防学者和临床医生越来越意识到，这种模型并不适用于所有参与欺凌的人。对理解欺凌行为有帮助的另一种方法是在心理理论（theory of mind）框架内提供的方法（Sutton，Smith，& Swettenham，1999）。根据现有研究，心理理论早在儿童3岁或4岁时就开始发展。能够理解有两种不同的事实（真实的和想象的）并操纵它们（如假装），是发展心理理论的必要条件（预备阶段）。

关于儿童心理理论的发展已开展了多年的研究（Astington，Harris，& Olson，1988）。这些研究多采用欺骗和讲故事的方法，并将智力正常的儿童与智力发育迟缓的儿童以及自闭症儿童进行比较。结果发现，4岁以上的儿童在欺骗和讲故事任务中的表现明显优于4岁以下的儿童，智力正常的儿童的表现优于智力发育迟缓的儿童以及自闭症儿童。智力正常的儿童似乎对故事中涉及的人物的心理和情绪状态有更深刻的理解，而且这些技能随着年龄的增长而提高。

现在，让我们回头看看心理理论如何与欺凌有关。了解欺凌包含什么非常重要。欺凌是一种重复行为，基于欺凌者（一个或多个）与所选择的受欺凌者之间权力的不平衡，受欺凌者扮演不断被攻击的角色。这种行为具有社会性，因为它通常发生在一个相对稳定的学生群体中。关于欺凌的心理理论研究认识到，欺凌本质上是社会性的,而且涉及欺凌者积极寻找自己的目标(Sutton et al.,1999)。许多研究表明,大多数受欺凌者通常是很多同龄人不喜欢的那些儿童。虽然指出某些儿童因具有某些身体和人格方面的特征,而使自身处于受欺凌的风险之中,这在政治上是不正确的,但事实确实如此。实际上,欺凌他人的儿童和青少年非常小心地选择他们的欺凌对象。这种选择可能是通过对受欺凌者弱点的真正理解,以及其他同学对受欺凌者的看法来作出判断的。换句话说,对心理状态的正确归因或具有高水平的心理理论使得欺凌者/受欺凌者配对成功(Sutton et al.,1999)。

另一个方面是关于欺凌者的心理状态。事实上,很多时候,欺凌者会通过表现得"不好惹"并控制其他人来故意在同伴中建立声望(Salmivalli et al.,1996)。当实施间接欺凌或关系欺凌时,欺凌者会用不易察觉的方法来伤害受欺凌者,比如谣言、舆论操纵、讽刺和戏弄,所有这些都有利于将受欺凌者排斥在社会群体之外。很显然,这种类型的欺凌的"成功"依赖对其他人的想法和不同观点的充分理解。这些人知道如何通过欺骗和伤害行为来改变和操纵他人的态度和看法。

萨顿及其同事(Sutton et al.,1999)的观点带给我们的最重要的启示是:对欺凌的解释性理论不仅应该关注参与者的认知能力,而且应该考虑参与者的情绪和价值观。如果欺凌者有能力理解环境并操纵他人,那么我们应该弄清楚为什么他们会利用这些高级技能去伤害他人。萨顿及其同事认为,欺凌者并不重视亲社会态度和行为。欺凌者、兼具欺凌和受欺凌者以及其他欺凌参与者对受欺凌者似乎没有同情心（Sutton et al.，1999）。举个例子，伯格（Borg，1998）进行了一项侧重于情感在攻击行为中的作用的研究。这项研究发现，只有49.8%的欺凌者表示为受欺凌者感到难过，而40.6%的人声称无所谓，20.9%的人表示在欺凌事件后感到满足。有趣的是，相较于年纪小的学生，11~14岁的初中生更有可能报告无所谓和满足的感受（Borg，1998）。

另一项研究调查了欺凌者的个人感受（Smith et al.，1993）。研究者向学生呈现欺凌的录像片段，并要求他们描述在此片段中欺凌者和受欺凌者的感受。根据同伴提名法，被试（9~11岁）被分为欺凌者、受欺凌者和无关人员。在欺凌者中，80%的学生描述录像中的欺凌者会感到高兴，而在无关人员和受欺凌者中，只有30%的学生这样认为，这形成鲜明对比。此外，只有27%的欺凌者以及53%的无关人员和受欺凌者描述，受欺凌者会感到不高兴（Smith et al.，1993）。

在一项研究中，梅内西尼和同事（Menesini et al.，2003）调查了欺凌者、受欺凌者和无关人员在道德情感归因方面的差异，以及在虚构的欺凌情境中导致这些归因的推理能力的差异。根据被试角色问卷（Participant Roles Questionnaire）改编版（Salmivalli et al.，1996）的作答结果，将被试（9~13岁）分为欺凌者、受欺凌者和无关人员。主试通过一组描述欺凌场景的典型漫画向学生讲述了一个关于欺凌的故事（例如，欺凌者和受欺凌者之间权力的一贯不平衡),并问道:"如果你是欺凌者,你会有什么感觉?为什么?"学生的反应可分为六类:以自我为中心的责任(egocentric responsibility)(例如,"我会感到内疚,因为随后教师可能会惩罚我")、传统规则(conventional rules)(例如,"如果我是欺凌者,我会感到内疚,因为我做坏事了")、对受欺凌者的同情(empathy for the victim)、以自我为中心的推脱(egocentric disengagement)(例如,"我不会感到内疚因为这就是个玩笑")、反常规则(deviant rules)(例如,"其他人也这样做了"),以及对受欺凌者缺乏同情(absence of empathy for the victim)。欺凌他人的学生比受欺凌者和无关人员报告更多的推脱情绪,更有可能提及以自我为中心的责任并伴随着内疚和羞耻,更有可能出现以自我为中心的推脱并将其作为道德推脱的一种辩解。即使有30%的欺凌者意识到自身对受欺凌者造成的负面影响,他们也更关注惩罚等个人后果(Menesini et al.,2003)。

上述这些研究表明,一些欺凌他人的学生在情感上是以自我为中心的,他们对受欺凌者没有什么感觉,而且没有悔意。这说明,除了欺凌的认知成分,还需要考虑情感因素。综合这些研究结果可以发现,欺凌者不一定缺乏社会技能,甚至可能拥有高级的认知技能。他们似乎明白正确与错误的区别,只是不在乎对他人的尊重。面对被惩罚的担忧,他们可能会采取欺骗和自我保护的行为。那么,作为社会成员,我们应该如何转变儿童和青少年的这种态度呢?

移情、关怀和干预意愿

从上述文献中可以看出,教导欺凌者关心和理解受欺凌者非常重要。当然,对一些欺凌者来说,这也许是一种合适的策略,但并不是一个新的想法。我们来回顾一下有关欺凌与移情之间关系的文献。研究一致表明,移情与攻击行为呈负相关,移情与亲社会技能呈正相关(Feshbach & Feshbach,1982;Kaukiainen et al.,1999;Mehrabian,1997;Miller & Eisenberg,1988)。移情是指,对知觉到的他人的情绪体验的情绪反应(Mehrabian & Epstein,1972)。学者普遍认为,移情反应依赖认知和情绪两个过程。认知维度与理解他人的观点有关(Davis,1983),而情绪维度是指对他人情绪状态的情绪反应(Feshbach & Feshbach,1982)。

攻击行为、亲社会行为与移情之间的关联支持了区分认知和情绪两个维度的重要性。例如,相较于认知性移情的研究,那些关注移情的情绪成分的研究发现,攻击行为与移情存在更强的负相关(Endresen & Olweus,2001;Mehrabian,1997)。戴维斯(Davis,1983)发现,共情反应(即因关注一个人而对其情绪状态的情绪反应)而不是观点采择与帮助行为有关(Davis,1983)。同样,霍夫曼(Hoffman,2000)认为,一个具有较强的观点采择能力但没有意愿或能力去体会别人感受的儿童更有可能变得不择手段。预防工作需要准确地认识到儿童和青少年具有的移情技能的多样性。

性别差异使移情与攻击行为(包括欺凌)之间的关系进一步复杂化。研究发现,一般来说,女性在移情量表上的得分要高于男性

(Cohen & Strayer, 1996; Endresen & Olweus, 2001),特别是与情绪性移情的测量相关的量表(Cohen & Strayer, 1996)。此外，攻击行为与移情的关系在女性和男性中也有所不同(Cohen & Strayer, 1996; Espelage, Mebane, & Adams, 2004)。例如，埃斯皮莱奇及其同事(Espelage et al., 2004)发现，对女性来说，移情反应与关系攻击(而不是欺凌)之间存在更强的负相关。对男性来说，移情反应与欺凌(而不是关系攻击)之间存在更强的负相关。另一个有趣的观察结果是，只有女性的观点采择会显著预测她们的欺凌行为。因此，要想减少女孩和男孩的欺凌行为，需要考虑移情的性别差异。

研究还可以追溯到欺凌的价值观或态度问题。恩勒森和奥维斯(Endresen & Olweus, 2001)进行了一项研究，专门探讨移情与欺凌的关系，他们引入了一个重要的第三变量：对欺凌的态度。研究者招募了六到九年级(13～16岁)的2 286名学生作为样本，发现移情反应与欺凌行为存在中等程度的负相关，但与对欺凌的态度存在更强的相关。研究者认为，对欺凌的态度可能在移情和欺凌之间起中介作用。在一项研究中，埃斯皮莱奇及其同事(Espelage et al., 2004)发现，在男性被试中，对欺凌行为的积极态度在移情反应和欺凌之间起部分中介作用；在男性和女性被试中，对欺凌行为的积极态度在观点采择和欺凌之间起部分中介作用。

这些发现支持了萨顿的猜测，即不仅认知因素在欺凌行为中发挥重要作用，其他因素，包括移情、价值观和态度也很重要。情绪和情感发展的作用对于理解欺凌行为非常重要,特别是在欺凌者具有高水平心理理论的情况下。在这种情况下,我们可以提出一个合理的问题:"理解受欺凌者的想法、情绪与对受欺凌者感同身受有何不同?"其中,感同身受可以使欺凌者停止伤害行为。在研究文献中,移情(即对他人感同身受)和同情(即对他人产生情感)也是有区别的。

另一个必须考虑到的情感方面的因素是欺凌者持有的价值观,他们如何看待攻击以及可能接受什么样的强化。以往的研究表明,攻击性个体倾向于认为攻击是一种社会可接受的行为,而且攻击行为的表现也支持了这种信念,从而增加攻击行为重复的可能性(Anderson & Bushman, 2002)。除此之外,第二章提到欺凌在适应社会方面的作用,以及攻击性儿童在同伴中会被视为是"有吸引力的"这一事实,结合这些观点,被贴上"欺凌者"这一标签会有许多"荣誉"。

确实,在《攻击与适应:不良行为的光明面》(*Aggression and Adaptation: The Bright Side to Bad Behavior*)(Hawley, Little, & Rodkin, 2007)这本书中,研究攻击行为的人员提出了一个问题:"攻击行为在什么时候是适应性的?"心理学、社会学和生物学文献一直都认为,攻击行为可以是适应性的。历史学家并不会考虑在国家、政府和工厂的发展过程中,暴力和攻击的重要性。但出于某种原因,父母、教师和心理学家不得不说,攻击行为其实可以是适应性的。史密斯(Smith, 2007)通过不同的方式来考量攻击行为和欺凌是适应性的还是非适应性的。他首先概述了一些理论，这些理论支持欺凌和关系攻击与同伴群体中支配地位的提高、同伴间受欢迎程度的提高，以及初中生约会受欢迎程度的提高有关。随后，他又指出了一个重要的区别，即多个学科的学者和临床医生均认为，攻击行为和欺凌属于社会性异常行为，而不是发展性异常行为。

除此之外，罗德金和威尔逊（Rodkin & Wilson，2007）认为，发展心理学家几乎忽略了攻击适应性框架（aggression-as-adaptive framework），而将重点放在确定攻击行为和欺凌的适应不良方面，包括社会认知不足、选择性信息处理缺陷等。罗德金和威尔逊认为，侧重于攻击行为的适应不良方面可能会让预防项目的潜在消费者，包括家长、教师和学校管理人员更加满意。也许，许多欺凌预防项目无效的部分原因就在于，我们忽视了攻击行为的适应性方面及其在提高儿童社会地位上的重要作用。因此，我们在本章中指出，欺凌行为尚未得到准确定义。如果继续错误地将欺凌视为适应不良的行为，那么我们不会理解预防措施如何在欺凌中发挥作用，从而无法真正阻止欺凌行为。

由于把攻击行为视为适应不良的行为，我们的学校、家庭、社区和工作场所并没有根除欺凌行为也就不足为奇了。这可能与旁观者在维持校园欺凌中扮演的重要角色，以及学生缺乏干预意愿有关。在一项研究中，埃斯皮莱奇及其同事探讨了565名六至八年级学生的性别、移情、对欺凌的态度、干预的意愿，以及同伴群体中的欺凌行为之间的关联（Espelage & Green, in press）。相关分析表明，共情反应和观点采择与较少的自我报告的欺凌和打架有关,对欺凌的积极态度与较弱的干预意愿有关。回归分析表明,移情(共情反应和观点采择)在对欺凌的积极态度和干预意愿之间起中介作用。

在此研究中,同伴群体通过社交网络分析加以识别,多层线性模型支持了相关分析的结果,即移情以及对欺凌的态度与干预意愿高度相关。此外,在男性同伴群体中,干预意愿能预测群体水平的欺凌,但在女性同伴群体中不存在这一影响。因此,预防项目需要解决缺乏干预意愿的问题,缺乏干预意愿往往是因为受到青少年同伴群体的强化。

更令人不安的是,我们未能减少学校中的欺凌行为,而且这种欺凌行为与青少年期和成年期其他形式的问题行为相关,包括品行问题、性骚扰、约会暴力、酒精/毒品滥用等。不难想象,如果儿童和青少年对其他人缺乏基本的共情,就可能会卷入其他形式的异常行为。事实上,研究表明,欺凌他人的学生比同龄人更容易出现外化问题行为和品行问题,甚至犯罪(Haynie et al.,2001;Nansel et al.,2001)。此外,如果将欺凌视为社会问题和社交问题,那么必须认识到,这些学生缺乏管理后续生活所必备的技能,即处理人际关系的技能。此外,欺凌与酒精、毒品的使用密切相关。佩普勒、克雷格、康纳利和亨德森(Pepler,Craig,Connolly,& Henderson,2002)在对五至八年级学生的研究中发现,对男孩和女孩来说,相较于非欺凌者,欺凌者报告酗酒的可能性增加了五倍,报告吸毒的可能性增加了七倍。

欺凌及其与性骚扰的关系

研究也开始发现同伴暴力和性暴力犯罪之间的关系。虽然欺凌者是否会或想要对同伴实施性骚扰的问题还需要进一步研究，但性骚扰确实与欺凌存在相关（如第二章所述）。参与性侵犯的青少年对暴力持积极态度，他们往往来自充满暴力的家庭，需要在关系中占支配地位或具有控制权，而且普遍存在低水平的共情。当然，可能有些因素会共同导致性暴力，但确实有证据表明欺凌行为与性暴力相关。通过文献检索，发现有三项实证研究证明同伴攻击与各种类型的性暴力之间的关联。

奥泽等人（Ozer，Tschann，Pasch，& Flores，2004）采用追踪设计，对16～20岁的墨西哥裔美国青少年和欧裔美国青少年进行研究。研究主要侧重于同伴暴力（例如，与另一名青少年打架）与性侵犯（包括不想要的触碰和性行为）的关系。结果表明，对男孩来说，同伴暴力与性侵犯在第一次测试及一年后的第二次测试中均呈显著正相关。此外，第一次测试时的性侵犯与第二次测试时的同伴暴力呈中等程度相关。虽然在研究中，第一次测试时的同伴暴力与第二次测试时的性侵犯没有显著相关，但它确实提供了同伴暴力与性侵犯存在相关的证据。其他研究也表明，欺凌与性骚扰相关（DeSouza & Ribeiro，2005；Pepler et al.，2006）。

德索扎和里贝罗（DeSouza & Ribeiro，2005）对巴西的高中生样本进行了研究，结果发现，对男高中生和女高中生来说，欺凌同伴都与对相同的人进行性骚扰有关。佩普勒及其同事（Pepler et al., 2006)发现,学生的欺凌行为与性骚扰存在正相关。在这项包含961名六至八年级学生和935名九至十二年级学生的横断研究中,性骚扰在报告欺凌他人的学生中比没有报告欺凌他人的学生中更普遍。通过对欺凌与性骚扰的关系进行纵向研究,佩莱格里尼(Pellegrini,2001)发现,在六年级一开始就欺凌同伴的男孩有可能在七年级末对同伴进行性骚扰($r=0.44, p<0.0001$),六年级末自我报告的高频率约会在其中具有中介效应。

结论和建议

本章通过给读者展示最新研究,鼓励读者将欺凌视为攻击行为的一个特例,而且攻击行为在很大程度上是一个社会性问题(见图3-1)。欺凌是一种社会互动行为,在某种程度上它对欺凌者有好处,同时有助于那些围绕在欺凌者周围的人适应社会。有研究发现,欺凌者可能具有较高的社会技能,有一般甚至高水平的心理理论,在某些情况下被认为在群体中很受欢迎,并在学生开始约会时受到追捧。许多预防措施都侧重于移情训练进而预防欺凌行为,但是这种做法没有考虑到并非所有欺凌者都缺乏共情,而是他们并不重视亲社会行为。因此,预防项目需要侧重于改变学生对欺凌的积极态度,同时进行共情和观点采择的训练。此外,需要确定影响学生干预意愿的障碍究竟是什么,从而最大限度地提高欺凌预防措施的有效性。当学生进入高中时,欺凌行为并不会消失,当学生高中毕业时,欺凌行为也不会消失。研究表明,欺凌行为与

图 3-1 培养健康的交流方式的建议

来自苏珊·M. 斯韦勒、多萝西·L. 埃斯皮莱奇、斯科特·A. 纳波利塔诺（Swearer, Espelage, & Napolitano, 2009）。The Guilford Press 版权所有。此图复印件仅供本书的购买者使用（详情请见版权页）。

其他形式的暴力和不当行为也有关；因此，欺凌应该被视为暴力的一种特殊情况，它会使学生像成年人那样陷入其他形式的攻击和暴力之中。

第三章
欺凌是一种社会关系问题

案例

乔 治

乔治非常喜爱阅读。尽管他才三年级,但是他的阅读水平已经达到高中生的水平。他的记忆力也很好,可以告诉你《星球大战》中所有你想知道的事情。他知道电影中的每一个角色,而且能记住电影中几乎所有台词。但乔治似乎无法与人建立适当的同伴关系,他不擅长解读社交线索,许多同学都觉得他很讨人厌。入学以来,乔治逐渐成为同伴戏弄和欺凌的目标。更糟糕的是,他似乎缺乏运动细胞,身体不协调,显得很笨拙。

这些因素导致乔治成为同学欺凌和攻击的目标。课间,学生会玩一种叫作"抹小人"(Smear the Queer)的游戏,而乔治始终是被攻击的对象。大家会把脏东西抹到他的裤子上,大喊"抹小人"。父母知道乔治在社交上有困难,但是直到乔治开始出现夜惊,他们才意识到孩子社交困难的程度。不久之后,乔治上学前会呕吐。他曾告诉父母自己讨厌上学,但那时父母并没有意识到问题的严重性。

乔治的父母最终找到学校的教师和校长,并确信事情会得到解决。然而,乔治的父母遭遇了很大的阻力,而且感觉学校好像在责怪乔治。校长建议乔治应该多运动,以便课间能够和其他男孩一起玩。此外,学校还为诸如"抹小人"等游戏辩护,称这些游戏只是这个年龄段的男孩的典型活动。甚至建议,如果乔治喜欢,课间他可以不出教室。乔治的父母感到非常沮丧,反复尝试与学校沟通,但均无效。

深思熟虑之后,乔治的父母决定带他离开学校。然而,小镇上没有其他可以选择的学校,所以他们计划让乔治在家上学,直到想出其他解决方案。但是,当他们向学校提出这个想法时,学校告诉他们,如果不将孩子送到学校,那么他们可能会因对孩子照管不良而被举报,这使得夫妇俩很震惊。

经过几个星期的家庭教育,乔治的夜惊症好了,他自己也感觉好了很多。父母又看到了原来的乔治。然而,乔治的父母仍然感到很生气,他们付了钱,本以为所信任的学校能够给予他们帮助,但是并没有。此外,他们也知道乔治需要更多的社交机会,在家学习并不是长久之策。

对乔治的案例的思考

乔治父母的情况并不少见。父母认为学校应该为自己的孩子提供帮助,但很多时候,学校并不会公开接受欺凌发生的事实。许多父母和孩子仿佛觉得,受欺凌就会被责备。

后续问题

1. 我们认为,欺凌是一种关系问题。在乔治的案例中,他被视为"不同的",而且没有融入其他学生。你的学校是如何帮助"不同的"学生的?作为一名教师和/或家长,你如何教导孩子尊重差异以及包容所有人?

2. 在学校操场上,学生与乔治玩得并不好。你的学校是如何监控操场行为的?你会怎样教导学生建立和维持健康的社会关系?

3. 学校没有制止"抹小人"游戏,并表示这只是儿童的典型游戏。当学校、家庭和社区的成年人支持消极和有害行为时,儿童就会对什么是恰当行为感到困惑。你如何培养学生表现出恰当行为?

4. 此外,游戏标题"抹小人"含有贬义。公然或暗中接受贬低性的名称会带来哪些影响?你会纠正学生说"假姑娘"或"假小子"这类词,还是这类词在你的学校和社区早已司空见惯?你如何抵挡这类负面的、侮辱性的言辞?

5. 乔治和他的父母都觉得这所学校并没有帮助到他们。想想你的学校出现的家庭与学校之间有冲突的例子。"一个巴掌拍不响"还是有道理的。学校工作人员可以怎样帮助缓和学校与家庭之间的敌对关系?

第四章
制定和实施有效的反欺凌政策

苏珊·M.斯韦勒　苏珊·P.林伯　丽贝卡·埃雷[①]

截至 2008 年 7 月,已有 33 个州实施反欺凌法[②](第五章)。因目前正在宣传学龄青少年的欺凌问题,这一立法趋势随后很可能会覆盖全部 50 个州。但是,无论一个州是否有反欺凌立法,我们认为所有学校都应该制定、实施并遵循反欺凌政策。制定地方政策非常重要,它可以充分考虑到每个学校和社区特有的构成和环境。

反欺凌政策的益处

好的反欺凌政策可以向公众明确传达对恰当行为的期望,以及欺凌行为的后果。它可以为欺凌导致的后果提供解决办法,并允许学校工作人员、家长和学生就期望和后果进行沟通。制定和实施反欺凌政策还可以向社会传达欺凌现象严重这一信息。历史

[①] 苏珊·P.林伯,博士,图书馆学硕士,南卡罗来纳州克莱姆森市克莱姆森大学家庭与邻里生活学院副教授。丽贝卡·埃雷,法学博士,南卡罗来纳州克莱姆森市克莱姆森大学服从研究办公室协调员。

[②] 鉴于法律会发生变化,我们鼓励读者查看各州的网站以获取最新信息。

上，美国的反歧视、反骚扰和枪支管制法律让公众认识到它们是严重的社会问题。对欺凌来说，我们相信制定和实施反欺凌政策也会产生同样的效果。

反欺凌政策不仅应涵盖保护学生的条例，而且应符合地方政策，保护在校的成年人。兼顾工作场所欺凌和学校欺凌的政策将有助于进一步传达欺凌的严重性。例如，俄亥俄州教育局的《反骚扰、反恐或反欺凌的示范政策》(2007)指出，"该政策要基于这样的理念：俄亥俄州的学校必须为所有学生和学校员工提供身体上和情感上安全的环境"(p.3)。因此，这一示范政策既包含了对学校学生的规定，也包含了对学校成年人的规定。

尽管反欺凌政策有明显的好处，但许多学校、地区和州并没有制定这些政策。在一次关于欺凌的研讨会上，参与者完成一项简短的调查，他们被询问"你的学校是否有反欺凌政策"。在44名参与者中，11人回答"有"，12人回答"没有"，21人回答"不确定"。回答"有"的11人对学校反欺凌政策给出这样的评论："写得很含糊，分不清它与反骚扰政策的区别。""没有执行/没有强制执行。""零容忍。""只告诉人们不要这样做。""零容忍，但并不知道具体情况。""初犯＝遏制它！再犯＝遏制它！"因此，总的来看，这些参与者的学校没有反欺凌政策，即使有也非常模糊，个人并不清楚政策的具体细节。

一些参与者提到，他们的学校采取了零容忍(zero-tolerance)的反欺凌政策。有明确的证据表明，零容忍政策对于减少欺凌行为是无效的(APA Task Force on Zero Tolerance, 2007; Casella, 2003)。校内停学、校外停学和开除并不是教导学生不欺凌他人的策略。事实上,零容忍政策在向这些学生传达他们被自己的学校排斥! 零容忍是一项失败的举措(Skiba & Knesting, 2002)。它对解决社会关系问题没有帮助,因此欺凌行为仍会继续,甚至可能更严重。

鉴于零容忍政策能有效减少欺凌行为的证据不足,我们主张制定类似于俄亥俄州教育局制定的反欺凌政策,其中应包括帮助教导学生改变其行为的干预策略。如果把欺凌视为一种社会关系问题(第三章),那么我们必须采取适当策略来教育学生如何建立健康的社会关系。

政策是否有助于减少欺凌行为? 在一次讨论中,一位学校管理人员宣称,"政策不会改变行为。州政府的命令只会徒增学校的工作量"。尽管政策可能会增加工作量,但我们(和其他人)还是相信政策确实可以促进变革(Soutter & McKenzie, 2000)。我们咨询了许多没有反欺凌政策的学校,这些学校缺乏保护受欺凌学生和促进变革的机制。本章会讨论反欺凌政策的制定和实施。我们坚信,所有学校都应制定和实施反欺凌政策。

政策制定

我们以内布拉斯加州反欺凌法案(Nebraska Unicameral, 2008)的流程为例。在过去的三年里,内布拉斯加州的几位立法议员一直向州立法机构提起一个反欺凌法案,但是该法案一直没有

第四章
制定和实施有效的反欺凌政策

获得批准。直到2008年,内布拉斯加州立法机构终于通过了这个反欺凌法案。该法案规定,到2009年7月1日,内布拉斯加州的每个学区都必须制定和实施反欺凌政策,而且每年都要对政策加以审查。此规定将如何在内布拉斯加州各学区践行?每个学校和社区如何确保学区制定并实施了有效的反欺凌政策?家长、地方学校委员会和学校管理人员应该支持并引导反欺凌政策的制定和实施。本章概述了有效制定和实施反欺凌政策的六个步骤。

第一步:定义欺凌行为

对欺凌作出明确、恰当的定义是任何一个地区反欺凌政策的重要组成部分。作为一般规则,在制定反欺凌政策时,学校管理人员应使用本州法律规定的欺凌定义,以免混淆或出现与州法律不一致的情况。在法律规定的定义不清楚或太狭隘的情况下,学校管理人员可以通过寻求法律指导来澄清或扩大其政策中使用的欺凌定义。例如,新泽西州的立法称,骚扰、恐吓或欺凌是由"种族、肤色、宗教、血统、国籍、性别、性取向、性别认同和表达,精神、身体、感觉障碍等实际的或认知的特征,或任何其他显著特征导致的"(*New Jersey Statutes Annotated*,2006)。

也许意识到这个定义的局限性,新泽西州教育局(State of New Jersey,Department of Education,2007)在其示范政策中指出,学区可以选择考虑州法规中提及的因素以外的其他因素:"一些欺凌行为仅仅是一个孩子向另一个孩子行使权力和控制。"(p.4)"如果该学区选择考虑州法规中提及的因素以外的其他因素,那么应该注意确保(这些)因素的任何拓展含义符合判例法、联邦和州的法规、条例和政策，以及各区议会批准的政策和程序。"(p.4)

如果没有相关的州法规或法规中未定义欺凌，那么要鼓励当地学校在其政策中引用与研究人员和从业人员使用的欺凌定义一致的定义(参见第五章"定义"部分)，即包括间接的和直接的欺凌形式(Limber & Small，2003)。例如，加利福尼亚州教育局的样本政策指出，欺凌可以包括"直接的身体接触，如打或推；口头攻击，如戏弄或辱骂；社会孤立或操纵"。

不应将欺凌等同于骚扰，应避免使用暗含欺凌是由受欺凌者某些知觉到的或实际的特征(例如性别、种族、肤色、国籍、身体缺陷；Limber & Small，2003)引起的这种表述。当地政策的起草人可能想澄清，该政策并不意味着禁止受第一修正案(the First Amendment)保护的学生自由表达权利。华盛顿州立学校安全中心(2002)的样本政策指出，该政策的"目的不是为了禁止宗教、哲学或政治观点的表达，但前提是这种表达不会大幅破坏教育环境"。缅因州学校管理协会的样本政策也阐明了这一点，"就本政策而言，欺凌并不意味着单纯的戏弄、贬损、讲坏话、口舌之争或朋友间类似的交流方式，而且如果想法或观点的表达不是下流的、鄙俗的，或没有干扰学生学习、教学计划或学校运作，那么这种表达也不算欺凌"(p.2)。

第二步：参考现有示范政策

为了进一步指导学校和地区制定反欺凌政策，有 11 个州的法规要求州教育局制定反欺凌政策的示范模型。然而,正如下一节所讨论的,这一要求并不一定意味着州教育局将提供这些材料,或者这些材料对当地学校管理者有帮助。

示范政策

尽管目前只有 11 个州要求其教育局制定反欺凌示范政策,但其他一些州(或州组织)也已经制定示范/样本政策来指导地区行政管理人员。通过网站搜索以及与州教育局人员对话,找到了 16 个示范/样本政策(见表 4-1)。大约一半为"示范政策"(model policy),一半为"样本政策"(sample policy)。目前,不清楚这些术语的含义是否有区别。然而,使用"示范政策"这一术语可能在某种程度上更强烈地传达出,鼓励地区教育工作者接受此政策的含义。

表 4-1 反欺凌立法、政策和互联网资源

州	法规	教育局示范/样本政策	教育委员会政策	示范/样本政策的互联网资源
亚拉巴马州				
阿拉斯加州	✓	✓		*www.eed.state.ak.us/tls/SchoolSafety/bullying.htm*
亚利桑那州	✓			

续 表

州	法规	教育局示范/样本政策	教育委员会政策	示范/样本政策的互联网资源
阿肯色州	✓	✓		*arkedu.state.ar.us/commemos/static/fy0203/attachments/Policy_Writing_Recs.doc*
加利福尼亚州	✓	✓		*www.cde.ca.gov/ls/ss/se/samplepolicy.asp*
科罗拉多州	✓	✓		*www.colorado.edu/cspv/safeschools/bullying/bullying_casbpolicy.html*
康涅狄格州	✓			
特拉华州	✓			
哥伦比亚特区				
佛罗里达州				
佐治亚州		✓		
夏威夷州				
爱达荷州	✓	✓		*www.sde.idaho.gov/site/safe_drugfree/docs/HarrassmentFall2001.pdf*

第四章 制定和实施有效的反欺凌政策

续 表

州	法规	教育局示范/样本政策	教育委员会政策	示范/样本政策的互联网资源
伊利诺伊州	√			
印第安纳州	√			
艾奥瓦州	√	√		*www.iowa.gov/educate/content/view/942/1106*
堪萨斯州	√			
肯塔基州				
路易斯安那州	√			
缅因州	√	√		*www.maine.gov/education/bullyingprevention/management.rtf*
马里兰州	√			
马萨诸塞州				*www.mass.gov/Cago/docs/Community/SSI/Children_PolicyMASchoolDistricts.rtf*
密歇根州		√	√	*www.michigan.gov/documents/ModelCode_75513_7.pdf*
明尼苏达州	√			

69

续　表

州	法规	教育局示范/样本政策	教育委员会政策	示范/样本政策的互联网资源
密西西比州				
密苏里州	✓			
蒙大拿州			✓	
内布拉斯加州			✓	
内华达州	✓			
新罕布什尔州	✓			
新泽西州	✓	✓		*www.state.nj.us/njded/parents/bully.htm*
新墨西哥州				
纽约州	✓			
北卡罗来纳州			✓	
北达科他州				

第四章 制定和实施有效的反欺凌政策

续 表

州	法规	教育局示范/样本政策	教育委员会政策	示范/样本政策的互联网资源
俄亥俄州	√	√	√	$www.ode.state.oh.us/GD/Templates/Pages/ODE/ODEDetail.aspx?Page=3\&TopicRelationID=1287\&Content=44259$
俄克拉何马州	√			
俄勒冈州	√			
宾夕法尼亚州				
罗得岛州	√	√		$www.ride.ri.gov/psi/docs/child\_family/substance/bullying\%20guidance\%20and\%20modelpolicy\%202011-21-03.pdf$
南卡罗来纳州	√			$ed.sc.gov/agency/offices/ssys/safe\_schools/sdfsc/documents/ModelBullyingPolicy\_.doc$
南达科他州				
田纳西州	√			
得克萨斯州	√			

71

续 表

州	法规	教育局示范/样本政策	教育委员会政策	示范/样本政策的互联网资源
犹他州				
佛蒙特州	√	√		www.state.vt.us/educ/new/pdfdoc/pgm_safeschools/pubs/bullying_prevention_04.pdf
弗吉尼亚州	√	√		www.doe.virginia.gov/VDOE/Instruction/Sped/stu_conduct.pdf
华盛顿州	√	√		www.k12.wa.us/SafetyCenter/pubdocs/ProhibitionofHarassmentIntimidationandBullyingSampleProcedure 3207P.doc
西弗吉尼亚州	√	√	√	twvde.state.wv.us/policies/p4373.html
威斯康星州				
怀俄明州				

注：这些网站的最后验证时间是 2008 年 7 月 19 日。由于州教育局和其他组织经常更新自己的网站，因此这些网络资源的确切地址可能随时间而改变。

示范/样本政策的范围包括从对欺凌的非常简短的陈述（如密歇根州），到对欺凌的深入处理。例如，新泽西州教育局（State of New Jersey, Department of Education, 2007）提供了 11 项法定要求的详细信息以及示范用语（在适当的情况下），然后针对每项要

第四章
制定和实施有效的反欺凌政策

求提出"地区在制定一项政策时考虑的问题应符合自己的独特情况和现有政策"(p.2)。

接下来总结并评论示范/样本政策的具体要素。与新泽西州教育局(State of New Jersey, Department of Education, 2007)的做法一致,我们鼓励管理人员制定符合州法律的政策,并恰当地借鉴示范/样本政策,同时考虑目前关于解决和预防欺凌的"最佳方案"以及当地的情况和问题。不建议管理人员逐字采纳任何示范/样本政策,而是鼓励通过交流来制定地方政策,认真考虑所有相关利益方(包括管理人员、教师、非教学工作人员、家长和学生)的意见。现有示范/样本政策中的表述可以成为交流的一个实用起点。

大多数示范/样本政策首先会包含一个声明,强调学区有义务为学生提供安全的学习环境。随后,通常会有对欺凌行为的明确禁止和/或旨在解决欺凌问题的声明。例如,阿肯色州教育局在其关于制定反欺凌政策的建议中指出:"学区有义务致力于为每位学生提供安全的学习环境。学生在没有恐惧情绪和身体恐吓及威胁的氛围中可以很好地提高学业成就……学校不应容忍任何被定义为欺凌的行为,并要采取措施消除此类行为。"艾奥瓦州的政策规定:"委员会致力于为所有学生提供安全、文明的学校环境,使学校的所有成员都有尊严和得到尊重。为此,委员会制定了旨在减少和消除欺凌与骚扰的政策,以及处理欺凌与骚扰的流程和程序。"(Iowa Department of Education, 2007, p.1)

许多示范/样本政策提供了政策适用地点的说明(例如,加利福尼亚州、科罗拉多州、艾奥瓦州、缅因州、俄亥俄州、罗得岛州、佛蒙特州)。加利福尼亚州的样本政策说明:"这项政策适用于在学校操场的,去学校或从学校出发的,参与学校活动或从那里出发的,午餐期间的,校内或校外的,以及学校活动期间的所有学生。"(California Department of Education, n.d., p.1)

许多州的样本政策(例如,缅因州、艾奥瓦州)也指出,若欺凌行为严重破坏教学计划、学校管理或学生学习,则政策可以不局限于校内场所和学校活动。罗得岛州的政策在禁止欺凌行为方面效果明显,对象不仅仅指发起欺凌的学生。州教育要员承认,"围观欺凌或鼓励欺凌的学生,他们本身都参与了欺凌行为"(Rhode Island Department of Education, n.d., p.1)。鉴于认识到旁观者也可能在支持欺凌行为中发挥作用(参见 Hanish, Kochenderfer-Ladd, Fabes, Martin, & Denning, 2004; Olweus et al., 1999; Pellegrini, 2002a; Salmiavelli et al., 1996),我们鼓励行政管理人员在反欺凌政策中包含类似的表述。

此外,我们还鼓励在政策中写上禁止学校的成年人实施欺凌。例如,艾奥瓦州的样本政策(Iowa Department of Education, 2007)明确禁止"学生、学校员工以及与学生有直接接触的志愿者"欺凌和骚扰学生(p.1)。马萨诸塞州的样本政策考虑得更长远,它指出"该政策适用于所有学生、学校委员会成员、学校员工、独立合同工、学校志愿者、学生的父母和其他法定监护人,以及到学校访问的人"(Mass. Gov., n.d., pp.1-2)。这种表述可以向学生和成人传达明确的信息,即学区严肃对待所有欺凌行为。

作为禁止欺凌行为的一部分,一些示范/样本政策有效突出了欺凌行为可能造成的危害。阿肯色州的示范政策指出,"欺凌是一种破坏性行为,将侵蚀学校确立的基本原则"。缅因州学校管理协会关于欺凌的样本政策详细说明了欺凌可能造成的有害影响:"欺凌不利于学生的学习和成就。它干扰了学校教育学生的使命并破坏学校运作。欺凌行为不仅影响受欺凌者,而且影响参与和目睹此类行为的学生。"(p.1)

第三步:清晰描述举报程序

举报已知的或怀疑的欺凌行为是解决欺凌问题的重要组成部分,在任何地区的反欺凌政策中,都应该清晰介绍举报程序。鉴于目前有18个州要求或建议制定工作人员(以及某些情况下的学生)举报欺凌事件的程序,我们鼓励地区政策制定者仔细审查州法律,以确保举报程序符合州法律。大多数州的示范/样本政策为学生和学校工作人员提供了举报欺凌行为的指导。新泽西州的示范用语这样说明:"所有学校教职工都必须向校长或校长的委派人员举报涉嫌违反此政策的事件。我们也鼓励学校和社区的所有其他成员,包括学生、家长、志愿者和访问者举报任何可能违反此政策的行为。"(State of New Jersey, Department of Education, 2007, p.10)

不仅要举报直接目睹的欺凌行为,对于那些疑似欺凌的行为(或"涉嫌违规行为")也鼓励举报。在制定举报流程时,新泽西州行政人员鼓励当地政策制定者考虑这一点:"举报程序的目标是……通过简化举报流程并使流程无威胁性……鼓励举报涉嫌违规行为。该地区应该考虑选择可以利用的各种机制来促进举报,包括网络举报机制和学校的举报箱,通过这些渠道举报,当事人不必担心被注意。"(State of New Jersey, Department of Education, 2007, p.10)

考虑到安全方面的问题,许多州的示范政策为学生提供了现场举报和匿名举报系统(例如,新泽西州、俄亥俄州、佛蒙特州)。还有一些州的示范政策明确禁止报复欺凌的举报者(例如,阿肯色州、加利福尼亚州、艾奥瓦州、缅因州、新泽西州、罗得岛州、南卡罗来纳州)和/或强调有意编造举报的个人可能受到惩戒处分(例如,阿肯色州、缅因州、新泽西州、罗得岛州、南卡罗来纳州、华盛顿州)。

尽管举报是反欺凌政策的一个重要组成部分,但仅靠举报而不对投诉进行适当调查,向欺凌者公布合理的后果,为遭受欺凌的儿童提供支持,并不能解决欺凌问题(Limber & Small, 2003)。接下来将探究与欺凌的调查、惩戒处分和干预有关的示范政策条款。

第四步:调查澄清和惩戒处分

马萨诸塞州的样本政策(Mass. Gov., n.d.)描述了通过正式和非正式程序解决投诉的详细过程。其他示范/样本政策包括学校工作人员接受和调查举报的简要责任声明。例如,佛蒙特州的样本政策(Vermont Department of Education, n.d.)要求指定的学校要员"接受和审查所有欺凌举报,包括匿名举报。如果初步调查后发现还需要进一步调查,那么学区应当继续调查"(p.2)。

几乎所有示范/样本政策都指出,学校会对欺凌他人的学生采取惩戒行动,而且采取的具体行动将取决于学生的特点和情况。例如,缅因州的样本政策(Maine School Management Association, n.d.)指出:"在对参与欺凌的学生作出适当反应之前,学校管理人员应考虑学生的年龄、成熟程度、行为类型、行为频率、行为模式、事件发生的背景以及其他相关情况。可能的后果包括积极的行为干预、停学、开除和/或上报给执法人员。"(p.3)

第五步: 援助受欺凌者

各州的示范/样本政策很少关注为受欺凌者提供支持,我们只在少数政策中发现了这种支持。罗得岛州的样本政策提出:"如果受欺凌者的心理健康处于风险之中,则应适当转诊。如果欺凌行为包含暴力刑事犯罪,那么受欺凌者将会被告知他/她可以根据联邦的《一个也不能落下法案》(the Federal No Child Left Behind Act)(NCLB,2001)获得转校权。"(p.6)

科罗拉多州学校委员会的样本政策(Center for the Study and Prevention of Violence,n.d.)要求监督者制定全面的方案来解决欺凌问题,这是为了实现各种目标,包括"通过个人和同伴咨询(支持)受欺凌者"。

随着研究人员进一步发现欺凌对情绪、身体和学业的负面影响(参见 Limber,2006,for a review),应鼓励当地政策制定者将以下表述纳入本地区的反欺凌政策:指导员工评估受欺凌者由于欺凌行为可能出现的潜在问题，并提供支持和/或转诊。

第六步：培训和预防程序

尽管大多数州的示范/样本政策都解决了关于培训和/或预防的问题，但它们的重点和细节各不相同。加利福尼亚州的样本政策简要指出，该地区"将为员工提供预防欺凌的培训……帮助每所学校培养维持安全和健康的学习环境的能力"。

科罗拉多州和新泽西州的示范/样本政策要求或鼓励采取全面措施来预防欺凌。例如，科罗拉多州学校委员会（暴力研究和预防中心）的示范政策提出："监督者应在学校各级制定一项旨在实现各种目标的综合方案，包括培训员工和学生采取主动措施来预防欺凌行为的发生……与家长和社区成员建立富有成效的合作关系，以帮助维持一个无欺凌的环境……帮助建立同伴支持网络……（和）定期识别并赞扬学生之间积极的、支持性的行为。"

同样，新泽西州的示范政策（State of New Jersey，Department of Education，2007）鼓励个人和机构对欺凌行为作出反馈，并指出"机构性的……反馈范围可以从学校和社区调查……到集体座谈，再到采用基于研究的欺凌预防项目以及培训……最后到让家长和其他社区成员以及组织参与进来"(p.11)。新泽西州行政管理人员在对示范政策提出的评论中鼓励各地区对欺凌作出一系列反馈，"酌情包含个人、课堂、学校或地区层面的反馈"(p.12)。

不幸的是，在一些示范/样本政策中，几乎没有对预防欺凌的描述。其他大部分示范/样本政策对预防措施的介绍也非常简短，因为政策主要侧重于禁止欺凌、举报程序和惩戒。如前所述,只专注于举报和个人干预的学校工作不太可能有成效(参见 Limber & Small, 2003)。作为"国家欺凌预防运动"(National Bullying Prevention Campaign)的一部分,卫生资源和服务管理部门重点介绍了解决校园欺凌问题的 10 种最佳做法(见图 4-1,改编版),其中重点是改变整个校园环境的社会规范、评估、培训所有学校工作人员、创建一支帮助解决欺凌问题的学校队伍、学校工作人员和家长积极参与、说明参与欺凌和/或支持欺凌的后果、加强成年人的监督、对参与欺凌的学生进行长期的个人干预、课堂时间关注欺凌和同伴关系,以及持续不断努力(Health Resources and Services Administration, n.d.)。尽管充分认识到许多学校可用的资金有限,但我们鼓励采用地方政策,其核心是认识到以研究为基础的综合防御工作的重要性。我们也鼓励持续评估当

图 4-1 解决校园欺凌问题的 10 种最佳做法

来自苏珊·M. 斯韦勒、多萝西·L. 埃斯皮莱奇、斯科特·A. 纳波利塔诺(Swearer, Espelage, & Napolitano, 2009)。The Guilford Press 版权所有。此图复印件仅供本书的购买者使用(详情请见版权页)。

地作出的努力。艾奥瓦州和缅因州的样本政策规定,要在学区定期评估预防、干预和培训,我们鼓励各地政策制定者向这两个州学习。

政策实施

州政府的命令在许多方面是必要的,以"迫使"学区制定反欺凌政策。但是,有效执行政策可能很困难。考虑到80/20定律(Koch,1998),我们知道对于一个特定项目,如果没有教师、家长、管理人员和学生的80%的努力,那么该项目成功的可能性非常小。因此,学校需要有行政管理人员和工作人员来支持反欺凌政策和程序。政策实施的第一步是成立反欺凌工作组,其成员包括重点学校和社区的利益相关者。理想情况下,工作组还应包括那些为该地区制定反欺凌政策的委员会成员。政策要易于获取,学校需要制作政策的副本供公众查阅。学校行政管理人员和工作人员需要知道政策规定了什么。正如本章前面提到的,在职工发展研讨会上,大约有50%的人不确定他们的学校是否有反欺凌政策。应该每年举办一次审查学校政策和程序的员工发展培训。所有课堂都应采用反欺凌政策的主要内容,这些政策也应支持课堂的规定和流程。理想情况下,反欺凌政策应提供有效干预欺凌行为的统一用语和一系列步骤,并与学校工作人员、学生和家长沟通。有效的政策制定和实施可以为减少学校欺凌行为奠定基础。

结论和建议

我们坚信,所有学校都应该制定、实施并每年监控反欺凌政策。不幸的是,除非州或联邦法律规定,否则许多学区不会主动制定和实施反欺凌政策。我们注意到,历史上对歧视、骚扰和枪支使用的关注极大地影响了围绕这些问题的政策和做法。观察和经验表明,欺凌问题也有同样的趋势。因此,我们希望欺凌能受到同样的关注。

本章讨论了欺凌是学校和社区的重大问题,而且零容忍和基于惩罚的策略对减少欺凌行为无效。下一章将讨论涉及欺凌/受欺凌的法律问题。

案例

凯文——不听,不看,也不说

凯文是一个非常害羞的处于青春期早期的孩子,他的父母带他接受治疗。最初,导致转诊的问题与焦虑和抑郁有关。确实,凯文被诊断为有抑郁症和社交焦虑。然而,随着治疗的继续,他在欺凌方面的问题也开始显现。

凯文叙述了一件最近发生的事情,从学校回家的途中,一名学生威胁要殴打他。类似事情发生过很多次,但这次学生追着凯文穿过好几个街区并向他扔石块。凯文没有受到身体上的伤害,但他被吓到了。更糟糕的是,这名学生还有几门课是与凯文一起上的。凯文回到家中,把这件事告诉了母亲,并表示他害怕第二天去学校。

凯文的母亲向他保证没问题，她会在第二天找校长谈。第二天上学之前，凯文的母亲去找了校长。令她惊讶的是，校长告诉她因为事情不是发生在学校内，所以学校也无能为力，学校有一项政策，即只能对发生在学校内的事件作出回应。凯文的母亲感到困惑和沮丧，那名学生会和她的儿子一起上课。她坚持要求，如果他们要在同一个班上课，那名学生必须离她儿子远点，而且这件事必须让教师知道。校长不情愿地同意了，凯文又重返课堂。

对凯文的案例的思考

这个案例突出了家长作为孩子的保护者的重要性。所有学校都有针对学生行为的政策，然而并非所有父母都知道学校的政策。学校管理人员往往不愿意干涉欺凌，特别是当欺凌事件发生在校外时。但是，学校工作人员有义务在校园内为所有学生创建一个安全的环境。校外发生的事件也与学生在学校的安全感有关系。

后续问题

1. 你的学校有反欺凌政策吗？你读过吗？你知道它的规定吗？

2. 如果你的学校有反欺凌政策，它是否指导了你的行为？你会在班级使用它吗？

3. 你的学校（或班级）的学生是否知道反欺凌政策是什么？如

何有效地利用反欺凌政策干预和帮助学生？

4. 许多像凯文这样在校外被欺凌的学生告诉我们，他们害怕上学，因为欺凌他们的学生就在学校。这给学校管理者带来了怎样的难题？给学生呢？给父母呢？反欺凌政策是否应包括欺凌发生地的说明？如果是这样，那么网络欺凌呢？

第五章
学校教职工的法律问题

丽贝卡·埃雷　苏珊·P. 林伯

自学生首次在学校的某间教室聚集,美国学校的校园欺凌就一直存在,许多教育工作者、家长和孩子多年来一直都在努力解决这个问题。然而,直到最近政策制定者和公众才开始关注欺凌。在科隆比纳高中发生悲剧性枪击事件之后的几年里,新闻媒体终于开始爆发式地报道欺凌问题。对欺凌的研究也大幅增加,而且已经有许多欺凌项目和资源供学校使用。此外,最近一系列与欺凌有关的国家立法,以及一些被广泛宣传的欺凌诉讼,也引起了教育工作者对他们在学校中预防和应对欺凌行为的合法选择和责任的担忧。

本章追溯美国欺凌法律的发展情况,并总结现行的法律条文。由于大多数州法律都要求制定各学区的反欺凌政策(而且许多州的教育局已经为各学区提供了示范政策),因此我们主要参考第四章描述的政策的共同要素。此外,回顾最近与欺凌有关的诉讼,包括根据联邦法律以及州法律提起的针对学校、学区和个人的诉讼。

最后,列举一个因遭受严重欺凌而自杀的年轻女孩的例子,以探讨她的父母选择不起诉的原因。

关于欺凌的州法律

在美国,尽管联邦法律负责管理一些学校和学生,但公立学校的日常运作主要还是由州和地方进行管理。特别是州立法机构有很大的权力来决定学生、教师和学校行政人员的权利和责任,而且可以通过州法规为学校和学区的政策提供一般性指导,包括对欺凌的指导。

十年前,美国没有处理欺凌问题的州法规。直到1999年,佐治亚州立法机构因一个被广泛宣传的导致一名中学生死亡的欺凌事件,制定了第一部州法规,专门针对学校欺凌行为。其他州立法机构很快开始效仿,其中一些州也受到类似的暴力事件的影响。迄今为止,这些事件中最臭名昭著的是1999年4月20日,在科罗拉多州利特尔顿附近的科隆比纳高中发生的校园枪击事件。那天早上,两名十几岁的男孩在他们的学校实施了枪击,在他们自杀前,造成了12名学生和1名教师死亡,24人受伤。枪击事件发生后,有证据表明这两名男孩在学校曾受到欺凌,这可能是他们行为的原因,这件事情引起了全美国对校园欺凌问题的重视。这种对欺凌危害的全国性意识不仅促使科罗拉多州的立法机构,而且促使其他州的立法机构在未来几年内陆续通过了反欺凌立法。

目前,已有 33 个州制定了反欺凌法律,至少有 10 个州正在考虑通过类似的法律(见表 5-1 列出的完整法律及引用出处)[①]。虽然它们的具体规定各不相同,但是都要求州或地区要员制定针对州公立学校的反欺凌政策。33 个州中的大多数都要求在地区一级制定反欺凌政策,但加利福尼亚州、印第安纳州、缅因州和佛蒙特州需要各个学校制定自己的政策,马里兰州和内华达州将制定反欺凌政策的任务交给州教育局。有关各州反欺凌立法的信息请参阅表 5-2,可查阅每个州的网站以获取最新信息。

定义

为了了解法律的实质和范围,首先有必要清楚一些关键术语。因此,在反欺凌立法中,确定"欺凌"的含义对真正理解和使用法律至关重要。在有反欺凌法律的 33 个州中,只有 22 个州明确定义了欺凌。马里兰州和内华达州并未明确使用"欺凌"一词,而是要求制定针对学生的反骚扰政策,"骚扰"是各州都定义的术语。其余 9 个州(亚利桑那州、阿肯色州、加利福尼亚州、伊利诺伊州、缅因州、明尼苏达州、新罕布什尔州、纽约州和弗吉尼亚州)都要求制定反欺凌政策,但不必定义欺凌行为。也就是说,这些州的法律需要当地学校和管理者去猜测反欺凌法律中可能包含哪些行为。

---

① 数据截至 2008 年 7 月 16 日。

表 5-1　各州反欺凌条例列表

阿拉斯加州	阿拉斯加州法律汇编（2006 Alaska Sess. Laws 109）
亚利桑那州	《亚利桑那州修订法规》[Arizona Revised Statute §15-341（2005）]
阿肯色州	《阿肯色州注释法典》[Arkansas Code Annotated §6-18-514（Michie 2006）　Arkansas Code Annotated §6-18-1005（Michie 2006）]
加利福尼亚州	《加利福尼亚州教育法典》[California Education Code §32261（Deering 2006）　California Education Code §32265（Deering 2006）　California Education Code §32270（Deering 2006）　California Education Code §35294.21（Deering 2006）]
科罗拉多州	《科罗拉多州修订法规》[Colorado Revised Statute §22-32-109.1（2005）]
康涅狄格州	《康涅狄格州公法法令》（2006 Connecticut Public Acts 115）
特拉华州	《特拉华州注释法典标题14》[Delaware Code Annotated title 14,§4112D（2007）　Delaware Code Annotated title 14,§4123A（2007）]
佐治亚州	《佐治亚州注释法典》[Georgia Code Annotated §20-2-751.4（2006）　Georgia Code Annotated §20-2-145（2006）　Georgia Code Annotated §20-2-751.5（2006）]
爱达荷州	《爱达荷州注释法典》[Idaho Code Annotated §33-205（2006）　Idaho Code Annotated §33-512（2006）　Idaho Code Annotated §18-917A（2006）]
伊利诺伊州	《伊利诺伊州法规汇编》[105 Illinois Compiled Statute 5/10-20.14（2006）　105 Illinois Compiled Statute 5/27-23.7（2006）]

续 表

印第安纳州	《印第安纳州注释法典》[*Indiana Code Annotated* § 5-2-10.1-2（Michie 2006） *Indiana Code Annotated* § 5-2-10.1-11（Michie 2006） *Indiana Code Annotated* § 5-2-10.1-12（Michie 2006） *Indiana Code Annotated* § 20-33-8-0.2（Michie 2006） *Indiana Code Annotated* § 20-33-8-13.5（Michie 2006）]
艾奥瓦州	《艾奥瓦州法典》[*Iowa Code* § 280.28（2007）]
堪萨斯州	《堪萨斯州注释法规》[*Kansas Statute Annotated* § 72-6433（2007）]
路易斯安那州	《路易斯安那州修订注释法规》[*Louisiana Revised Statute Annotated* § 17：416.13（2006） *Louisiana Revised Statute Annotated* § 17：416.17（2006）]
缅因州	《缅因州修订注释法规》[*Maine Revised Statute Annotated* 20-A，§ 1001（2006）]
马里兰州	《2005 安全校园举报法》[Safe Schools Reporting Act of 2005, *Maryland Code Annotated Education* § 7-424（2006）]
明尼苏达州	《明尼苏达州法规》[*Minnesota Statute* § 121A.0695（2005）]
密苏里州	密苏里州 SB 法（2006 Mo. SB 894）
内华达州	《内华达州修订注释法规》[*Nevada Revised Statute Annotated* 388.125（Michie 2006） *Nevada Revised Statute Annotated* 388.132（Michie 2006） *Nevada Revised Statute Annotated* 388.133（Michie 2006） *Nevada Revised Statute Annotated* 388.134（Michie 2006） *Nevada Revised Statute Annotated* 388.135（Michie 2006） *Nevada Revised Statute Annotated* 388.136（Michie 2006） *Nevada Revised Statute Annotated* 388.137（Michie 2006） *Nevada Revised Statute Annotated* 388.139（Michie 2006） *Nevada Revised Statute Annotated* 388.1345（Michie 2006）]

续 表

新罕布什尔州	《学生安全和暴力预防法》[Pupil Safety and Violence Prevention Act, *New Hampshire Revised Statute Annotated* §193-F:2 (2006)] 《新罕布什尔州修订注释法规》[*New Hampshire Revised Statute Annotated* §193-F:3 (2006)]
新泽西州	《新泽西州注释法规》[*New Jersey Statute Annotated* §18A:37-13 to 17 (2006)]
纽约州	拯救(SAVE)项目[Project SAVE, Safe Schools Against Violence in Education Act, *New York Education Law* §2801-a (Consol. 2006)]
俄亥俄州	《俄亥俄州修订注释法典》[*Ohio Revised Code Annotated* §3301.22 (LexisNexis 2007) *Ohio Revised Code Annotated* §3313.666 (LexisNexis 2007) *Ohio Revised Code Annotated* §3313.667 (LexisNexis 2007)]
俄克拉何马州	《校园欺凌预防法》[School Bullying Prevention Act, *Oklahoma Statute* 70, §24-100.2 to 100.5 (2005)]
俄勒冈州	《俄勒冈州修订法规》[*Oregon Revised Statute* §339.351 (2006) *Oregon Revised Statute* §339.353 (2006) *Oregon Revised Statute* §339.356 (2006) *Oregon Revised Statute* §339.359 (2006) *Oregon Revised Statute* §339.362 (2006) *Oregon Revised Statute* §339.364 (2006)]
罗得岛州	《罗得岛州一般法》[*Rhode Island General Laws* §16-21-24 (2006) *Rhode Island General Laws* §16-21-26 (2006)]
南卡罗来纳州	《安全校园风气法》(Safe School Climate Act, 2006 South Carolina Acts 353)
田纳西州	《田纳西州注释法典》[*Tennessee Code Annotated* §49-6-1014 to 1019 (2005)]

续 表

得克萨斯州	《得克萨斯州教育注释法典》[Texas Education Code Annotated §25.0341（Vernon 2006） Texas Education Code Annotated §37.001（Vernon 2006） Texas Education Code Annotated §37.083（Vernon 2006）]
佛蒙特州	《佛蒙特州注释法规》[Vermont Statute Annotated 16，§11（2006） Vermont Statute Annotated 16，§165（2006） Vermont Statute Annotated 16，§565（2006） Vermont Statute Annotated 16，§1161a（2006）]
弗吉尼亚州	《弗吉尼亚州注释法典》[Virginia Code Annotated §8.01-220.1：2（Michie 2006） Virginia Code Annotated §22.1-208.01（Michie 2006） Virginia Code Annotated §22.1-279.6（Michie 2006）]
华盛顿州	《华盛顿州修订法典》[Washington Revised Code §28A.300.285（2006） Washington Revised Code §28A.600.480（2006）]
西弗吉尼亚州	《西弗吉尼亚州注释法典》[West Virginia Code Annotated §18-2C-1 to 6（Michie 2006）]

注：引用截至 2008 年 7 月 16 日。

表 5-2 各州反欺凌法律情况

州	谁负责制定反欺凌政策	是否定义欺凌	政策要求或建议[a]	需要示范政策
阿拉斯加州	学区	✓	• 对员工和学生举报的要求 • 记录过程 • 惩戒处分程序	✓
亚利桑那州	学区		• 对员工举报的要求 • 对调查的要求 • 记录过程 • 惩戒处分程序	

续　表

州	谁负责制定反欺凌政策	是否定义欺凌	政策要求或建议[a]	需要示范政策
阿肯色州	学区		• 对员工举报的要求 • 惩戒处分程序	
加利福尼亚州	学校			
科罗拉多州	学区	✓	• 记录过程	
康涅狄格州	学区	✓	• 对员工举报的要求 • 对调查的要求 • 对通知家长的要求 • 记录过程 • 干预程序	
特拉华州	学区	✓	• 对员工举报的要求 • 对调查的要求 • 惩戒处分程序 • 对通知家长的要求	✓
佐治亚州	学区	✓	• 对通知家长的要求 • 惩戒处分程序	
爱达荷州	学区	✓		
伊利诺伊州	学区		• 对通知家长的要求 • 干预程序	
印第安纳州	学校	✓	• 对举报的要求 • 对调查的要求 • 对家长参与的要求 • 干预程序	
艾奥瓦州	学区	✓	• 惩戒处分程序 • 举报程序 • 调查程序 • 记录过程	

续 表

州	谁负责制定反欺凌政策	是否定义欺凌	政策要求或建议[a]	需要示范政策
堪萨斯州	学区	✓		
路易斯安那州	学区	✓		
缅因州	学校			✓
马里兰州	州		• 举报程序 • 记录过程	
明尼苏达州	学区			
密苏里州	学区	✓	• 对员工举报的要求 • 惩戒处分程序	
内华达州	州		• 对举报的要求 • 记录过程	
新罕布什尔州	学区		• 对员工举报的要求 • 对通知家长的要求 • 记录过程	
新泽西州	学区	✓	• 举报程序 • 调查程序 • 惩戒处分程序	✓
纽约州	学区			
俄亥俄州	学区	✓	• 举报程序 • 对员工举报的要求 • 对通知家长的要求 • 记录过程 • 调查程序 • 惩戒处分程序	✓
俄克拉何马州	学区	✓	• 惩戒处分程序	

续 表

州	谁负责制定反欺凌政策	是否定义欺凌	政策要求或建议[a]	需要示范政策
俄勒冈州	学区	✓	• （举报程序） • （调查程序） • （惩戒处分程序）	
罗得岛州	学区	✓	• 举报规定	✓
南卡罗来纳州	学区	✓	• 对员工和学生举报的要求 • 调查程序 • 惩戒处分程序	✓
田纳西州	学区	✓	• （举报程序） • （调查程序） • （惩戒处分程序）	
得克萨斯州	学区	✓		
佛蒙特州	学校	✓		✓
弗吉尼亚州	学区			✓
华盛顿州	学区	✓		✓
西弗吉尼亚州	学区	✓	• 对员工举报的要求 • 调查程序 • 对通知家长的要求 • 记录过程 • 惩戒处分程序	✓

[a] 括号内注明的是推荐条款。

研究者和从业人员通常将欺凌定义为有意识的攻击行为，随着时间的推移而重复出现，并涉及权力或力量的不平衡（Nansel

et al., 2001; Olweus, 1993a; Stop Bullying Now, n.d.)。22 个州对欺凌的定义有很大差异。其中,14 个州将欺凌行为局限于欺凌者的故意行为。例如,华盛顿州的定义是"任何故意的、口头的或实际的行为……(这)会对学生造成身体上的伤害或损害学生的财物……要么……会对学生的教育造成实质性干扰……要么……是如此严重、持久或普遍,以至于对教育环境造成恐吓或威胁……要么……会严重破坏学校的有序运作"(*Washington Revised Code*, 2006)。康涅狄格州和佛蒙特州将欺凌行为定义为,随着时间的推移而重复的行为。佐治亚州甚至将欺凌行为的定义限制为身体层面的行为。此外,有 6 个州指定了可能发生欺凌的地点。例如,科罗拉多州认为,欺凌行为包括"在学校、操场、校车、指定校车站,以及学校活动或其他被批准的事件中"发生的行为(*Colorado Revised Statutes*, 2005)。

有 11 个州(阿拉斯加州、艾奥瓦州、路易斯安那州、新泽西州、俄亥俄州、俄克拉何马州、俄勒冈州、罗得岛州、南卡罗来纳州、华盛顿州和西弗吉尼亚州)将欺凌定义为与骚扰和恐吓同义,这存在较大争议。例如,俄克拉何马州的反欺凌法规定:"正如在《校园欺凌预防法》中使用的……'骚扰、恐吓和欺凌'是指任何一个通情达理的人都应该知道的,那些会伤害学生、损害学生财物以及使学生陷入恐慌的,或以这种方式侮辱学生或学生群体,从而扰乱学校教学、学生学习的任何手势、书面语言、口头表达或身体行为。"(School Bullying Prevention Act, 2005)与上述欺凌定义相比,骚扰涉及对受保护人群的歧视性行为(Limber & Small,2003)。也就是说,欺凌他人的儿童可能出于某种原因,或者根本没有原因,对受欺凌者采取攻击行为,而骚扰者根据受欺凌者的某些特点采取歧视性行为。

虽然从法律上禁止校园欺凌的提议还比较新,但基于种族、宗教、国籍、性别或身体缺陷而发生的学生骚扰行为的禁令在法律中有明确规定。此外,州和联邦都有禁止骚扰的举措,这与迄今为止仅存在于州一级的新的欺凌立法形成鲜明对比。联邦法律要求学校禁止某些类型的骚扰,例如基于种族、性别或身体缺陷的骚扰,以便获得联邦资金(例如,1964年《民权法案》第六章,禁止基于种族的歧视;1972年《教育修正法案》第九章,禁止基于性别的歧视;1973年《康复法案》第504条,禁止基于身体缺陷的歧视),美国最高法院本身就已暗示针对骚扰行为的联邦法律并不适用于欺凌(参见 *Davis v. Monroe County Board of Education*,1999)。(戴维斯的法院指出:"在学校,学生经常参与的侮辱、嘲笑、戏弄、推搡、冲撞和针对性别的行为,会让遭受的学生感到不安。然而,那些简单的逗弄行为和辱骂行为,并不会带来什么伤害。"[①]因此,将"欺凌、骚扰和恐吓"混为一谈,会导致术语之间实际上的和法律上的区别。此外,对学校管理人员而言,为避免承担校内欺凌和骚扰带来的责任,需要清楚知道这些术语之间的区别。本章"诉讼"

---

① 当然,有人可能不同意法院将这些欺凌行为描述成简单的行为。

一节会详细讨论区分这些术语的重要意义。

政策要求和建议

界定欺凌和骚扰并不是唯一要做的事，州立法机构已经设法帮助当地学校要员制定反欺凌政策。20个州的法规列出了学校或地区在反欺凌政策中必须包含的具体政策要求，例如惩戒和举报程序。俄勒冈州、田纳西州和华盛顿州提供了具体的政策建议，虽然没有在法律层面上被许可，但这些建议还是为学校和地区制定反欺凌政策提供了一定的指导。加利福尼亚州、爱达荷州、堪萨斯州、路易斯安那州、缅因州、明尼苏达州、纽约州、得克萨斯州、佛蒙特州和弗吉尼亚州的立法机构虽然要求学校或地区制定反欺凌政策，但未能提供任何针对这些政策的具体要求或建议。

欺凌事件举报

在提供具体政策要求或建议的23个州中，有18个州要求或建议制定举报欺凌事件的程序。在这18个州中，有10个州（阿拉斯加州、亚利桑那州、阿肯色州、康涅狄格州、特拉华州、密苏里州、新罕布什尔州、俄亥俄州、南卡罗来纳州和西弗吉尼亚州）要么直接要求学校或学区员工举报欺凌事件，要么要求学校反欺凌政策应包括这种举报程序。例如，阿拉斯加州要求"如果学校员工、学生或志愿者目睹了或有可靠的信息表明学生遭受过骚扰、恐吓或欺凌，无论是口头上的还是身体上的，都应将此事件报告给适当的学校要员"(*Alaska Session Laws*, 2006)。有4个州（阿拉斯加州、亚利桑那州、康涅狄格州和南卡罗来纳州）规定了学生举报的条例。例如，亚利桑那州要求地区反欺凌政策包括"学生向学校要员匿名举报骚扰、恐吓或欺凌事件的程序"（*Arizona Revised Statutes*，2005）。

豁免

有趣的是，有18个州提供了关于免责条款的建议，旨在赋予学校员工或其他善意地向当局举报欺凌事件的人豁免权。例如，西弗吉尼亚州的反欺凌法规定，"如果学校员工、学生或志愿者符合以下规定则可免于因举报造成的损失而被起诉：（1）真实、及时地举报骚扰、恐吓或欺凌事件；（2）按照政策规定向适当的学校要员举报；（3）按照政策规定的程序举报"（*West Virginia Code Annotated*，2006a）。这些规定似乎表明，学校员工如果按照学校或地区的反欺凌政策来举报欺凌事件，他们就可以避免承担民事责任，但事实并非如此。即使州豁免条款允许举报者根据州法律免除责任，但这并不会影响其承担联邦法律规定的责任。此外，大多数州宪法也对州法规的豁免程度提出了限制。如果州反欺凌条款中的豁免条款与该州宪法的一项或多项条款相冲突，则该豁免条款无效。简而言之，学校和学区员工应该意识到，反欺凌法规定的豁免权不是绝对的，而是受到州和联邦法律的限制。

调查

除举报要求外，有11个州（亚利桑那州、康涅狄格州、特拉华州、印第安纳州、艾奥瓦州、新泽西州、俄亥俄州、俄勒冈州、南卡罗来纳州、田纳西州和西弗吉尼亚州)要求或建议调查欺凌事件,11个州(阿拉斯加州、亚利桑那州、科罗拉多州、康涅狄格州、特拉华州、艾奥瓦州、马里兰州、内华达州、新罕布什尔州、俄亥俄州和西弗吉尼亚州)要求报告或记录欺凌事件。例如,康涅狄格州要求"每所学校都要保存一份经过学校调查验证的欺凌行为的清单,并将这些清单向公众开放"(*Connecticut Public Acts*,2006)。此外,16个州要求或建议反欺凌政策应包含惩戒处分或干预程序的规定。例如,田纳西州鼓励学区在反欺凌政策中列入"对实施骚扰、恐吓或欺凌行为的后果和适当的补救措施"的声明(*Tennessee Code Annotated*,2005)。

通知

与其他政策要求和建议相比,只有相对较少的州(仅有 7 个州)要求学校在儿童卷入校园欺凌事件时通知父母。在这 7 个州中,新罕布什尔州、俄亥俄州和西弗吉尼亚州要求学校要员通知所有涉事儿童的父母;新罕布什尔州甚至还特别要求,校长必须在 48 小时内通过电话和书面形式向父母报告所有事件。康涅狄格州和特拉华州也要求通知欺凌者和受欺凌者的父母。伊利诺伊州规定要通知父母,但没有说明必须通知哪些人的父母。佐治亚州要求仅通知欺凌者的父母,而且只通知在校车内发生的欺凌事件。印第安纳州规定,"学校管理部门采用的纪律要求应提到……禁止欺凌……和……包含有关教育、父母参与、报告、调查和干预的规定"。因此,印第安纳州的法规要求反欺凌政策包含"父母参与"条款和其他提及的条款,但未提供任何有关此类条款的具体细节。

惩戒处分程序

有 17 个州的法规强调了惩罚欺凌者的重要性。然而,大多数州并没有规定详细的惩戒处分措施。例如,根据新泽西州的法规,当地的反欺凌政策必须包括"实施骚扰、恐吓或欺凌行为的后果和适当的补救措施"(*New Jersey Statutes Annotated*,2006)。迄今为止,惩罚性最强的法规属于佐治亚州,该州法规要求当地学校委员会"对于在学年中(六至十二年级)第三次犯下欺凌错误的学生,要给予转学的处分"(*Georgia Code Annotated*,2006)。

培训和预防

除了上述有关反欺凌政策的要求和建议,有 15 个州要求给员工提供关于预防欺凌的培训,以及相关反欺凌政策培训的指导方针。在这 15 个州中,有关反欺凌培训和预防条款的性质和范围各不相同。例如,密苏里州的法规只简单地规定,"该地区(反欺凌)政策应根据地区政策的要求解决员工培训问题"(Mo. SB 894,2006)。相比之下,西弗吉尼亚州建议但不硬性要求必须开展这样的培训,指出"鼓励学校和县委员会(但不是必须)建立欺凌预防工作组和项目,制定涉及学校行政人员、学生、教师、管理人员、志愿者、家长、执法人员和社区成员的其他举措"(*West Virginia Code Annotated*,2006b)。西弗吉尼亚州的法规还规定,"县委员会关于反骚扰、恐吓或欺凌政策的信息应纳入每所学校当前的员工培训计划"(*West Virginia Code Annotated*,2006b)。此外,一些州还拨出一定资金用于培训和预防。例如,印第安纳州建立了"安全学校基金",为"学校教职工提供教育拓展和培训……鉴定……欺凌的……预防……和……干预措施"(*Indiana Code Annotated*,2006)。

示范政策

为了引导学校和学区制定反欺凌政策,目前有11个州的法规要求州教育局制定示范政策。这些示范政策在第四章有详细描述。

诉讼

州立法机构并没有限制在欺凌事件中应获得的合法权益。近年来,人们对欺凌事件法律诉讼数量(以及成功诉讼数量)的增长存在很多猜测(e.g.,Seper,2005)。尽管新闻媒体对科隆比纳高中枪击事件和其他校园暴力事件的报道引起了公众对欺凌事件的更多关注,但出于多种原因,诉讼数量的实际增长和发展趋势始终难以测量。第一,这类诉讼中有很多(如果不是大多数)都是在法庭外调解的,这意味着此类诉讼的法庭记录不完整且不全面。例如,作为和解协议的一部分,双方可能同意对赔偿金的数额保密。虽然此类保密协议可能对被告学区特别有吸引力,因为担心大额赔偿金会鼓励对方进一步提起诉讼,但这也会使诉讼追踪更加困难。第二,没有旨在统计和追踪与校园暴力事件有关的诉讼案件的国家系统。因此,虽然地方一级的要员可能会报告此类诉讼有所增加,但在国家层面很难确定其具体趋势。第三,律师和法律学者依赖的主要数据仅包括就上诉作出的法院裁决。这意味着,数据不包含那些未到达上诉法院的案件。因此,这些数据可能会更倾向于代表一些严重案件,而不是轻微案件,因为轻微案件更有可能在庭外解决,或者达不到上诉要求。

即便如此,过去几年来大规模的庭外和解以及法庭裁决,还是引起了学校员工和管理人员对欺凌诉讼成本的担忧。2004 年,堪萨斯州通加诺克西学区支付了 44 万美元用于解决一起诉讼,这起诉讼案件涉及一名因被同学认为是同性恋者而受到欺凌,最终离开学校的高中生(*WIBW.com*,2005)。同年,阿拉斯加州安克雷奇学区与一名初中生的家庭达成 450 万美元的和解协议,该学生在学校遭受欺凌后试图自杀(Pesznecker,2004)。2005 年,新泽西州上诉法院作出给一名高中生 5 万美元的赔偿判决,该高中生因性取向而遭到同伴的身体和言语虐待(Mikle,2005)。为了避免这些结果,学校专业人员应首先了解与欺凌事件有关的不同类型的诉讼。

诉讼当事人,即提起诉讼的个人(通常是受欺凌者本人或父母)可能会向联邦或州法院提起诉讼。至于向哪个法院提起诉讼,取决于诉讼当事人是根据联邦法律提起索赔,还是根据州法律提起索赔。若根据联邦法律索赔,则需要向联邦法院提起诉讼;若根据州法律索赔,则必须将诉讼提交给州法院。诉讼当事人(也称为原告)可能会将若干法律索赔合并为一项诉讼。事实上,在涉及校园欺凌的诉讼中这种索赔合并相当普遍。例如,在马萨诸塞州的一个案例中,受到欺凌的学生及其父母根据《康复法案》第九章第1983条,以及马萨诸塞州反对故意造成情绪困扰的州法律起诉了镇、学区和欺凌者(Doe v. Town of Bourne, 2004)。此外,对欺凌事件提起损害赔偿诉讼的当事人可以对多个不同的被告提起诉讼,包括学校、学区、学校要员和学区教职工,以及实施欺凌的儿童及其父母(Ray v. Antioch Unified School District, 2000; Snelling v. Fall Mountain Regional School District, 2001; Theno v. Tonganoxie Unified School District No. 464, 2005)。

根据联邦法律索赔

尽管目前还没有针对欺凌本身的联邦法律,但受欺凌者及其父母可以根据若干禁止骚扰受保护人群的联邦法律寻求损害赔偿。例如,一名学生因种族而在学校遭到反复的嘲弄和殴打,他不能基于受欺凌的事实提起联邦诉讼,但在某些情况下他可以根据1964年的《民权法案》第六章,即禁止基于种族的骚扰提起损害赔偿。学校欺凌事件的诉讼最常涉及的联邦法律与基于性别、种族或残疾的骚扰有关,或与剥夺学生的联邦保护权利有关。接下来将讨论这些法律及其与欺凌的关系。

向学校和学区索赔

向学校和学区的索赔可以基于性骚扰或性别骚扰、种族骚扰和残疾骚扰。

基于性骚扰或性别骚扰的索赔

基于性骚扰或性别骚扰的索赔通常依据1972年的《教育修正法案》第九章。这一联邦法规通常简称为"第九章",它规定:"在美国,任何人不得以性别为由,在任何接受联邦财政援助的教育计划或活动中排除他人,剥夺他人利益,或歧视他人。"(Education Amendment Acts of 1972, 2006)在一个影响深远的案例——戴维斯诉门罗县教育委员会(*Davis v. Monroe County Board of Education*)中,美国最高法院认为,根据"第九章",学校和学区在某些情况下可能要对学生之间的性骚扰负责。具体而言,法院认为如果学校或学区对"非常严重的、普遍的、客观冒犯性的,并否认'第九章'规定的平等接受教育的机会"的骚扰行为"蓄意冷漠",则依据"第九章"学校或学区可能会对同伴性骚扰负责。

这项规定为后续案件中的诉讼当事人设置了几个高难度的障碍。首先,要起诉学校或学区"蓄意冷漠"行事,当事人必须向法院证明被告真正了解骚扰行为,而且其反应"根据已知情况显然是不合理的"。其次,骚扰本身必须达到一定程度。在这方面,戴维斯的审判人员特别指出:"只说一个学生被'戏弄'或'被……辱骂'……这是不够的。'一名因被同学取笑身材太胖而逃避体育课的女孩'可以是受害者,但是'拒绝戴眼镜以避免受到嘲弄'和'拒绝上学,因为学校的欺凌者说他是胆小鬼'的这些学生并不能称为受害者,这是不合适的、具有误导性的(引用省略)。"(*Davis v.*

Monroe County Board of Education，1999)最后，法院强调，对学生学习成绩的影响必须非常明显，不能仅仅是"成绩有所下降"。

除了对同伴骚扰案件中的诉讼当事人设置这些障碍，戴维斯的审判人员根据"第九章"也明确限制了被索赔的潜在被告的人数。也就是说，法院认为，根据"第九章"索赔只能针对学校和学区等联邦基金的接受者，而不能针对个人，如学校教师或行政管理人员。实际上，这种限制为许多诉讼当事人又设置了一个高难度障碍，虽然他们可以证明特定教职工知道骚扰是一个问题，但可能没有足够的证据去证明学校或学区在这方面知道多少。此外，谁必须掌握学校或学区内的欺凌知识(是副校长、校长还是监督人员)以及知识的构成因州而异，甚至由法官来判断。

总的来说，有关戴维斯的判决对理解联邦骚扰法非常重要，这不仅因为它规定了学校在同伴骚扰案件中的责任标准，而且因为其他法院经常将戴维斯案件中法院规定的标准应用于其他类型的同伴骚扰索赔(例如，基于种族、性别或残疾的同伴骚扰)。除了同伴骚扰外，还有其他两种情况受欺凌者可以援引"第九章"。第一种情况是由男性或女性同伴实施的针对性别的非性骚扰(例如，基于性别的辱骂)。第二种情况涉及对"不符合性别刻板印象"的男性或女性(例如，表现出柔弱特征或参与传统女性活动的男性)的骚扰，或因其性取向而进行的骚扰。许多法院拒绝承认"第九章"可以解释第二种骚扰，进而拒绝根据"第九章"提起的关于性取向骚扰的索赔。然而，如果法院真的遇到了此类索赔情况，还是会参照戴维斯案件中法院提出的标准进行认定。

基于种族骚扰的索赔

1964年的《民权法案》第六章规定:"在美国,任何人不得以种族、肤色或国籍为由,在任何接受联邦财政援助的项目或活动中排除他人,剥夺他人利益,或歧视他人。"虽然根据"第六章"提起的索赔与根据"第九章"提起的索赔参照了不同的联邦法律,但法院通常会应用"戴维斯标准",根据受欺凌者的种族或国籍来确定学校或学区对学生之间骚扰的责任(参见 Curley v. Hill, 2000)。也就是说,为了依据"第六章"向学校或学区提起关于同伴种族骚扰的经济赔偿,当事人必须证明被告学校或学区蓄意漠视骚扰的严重性、普遍性、客观冒犯性,以至于剥夺了受欺凌者受教育的机会。

基于残疾骚扰的索赔

基于受欺凌者身体或精神残疾的同伴骚扰索赔涉及若干联邦法律,包括1973年的《康复法案》第504条和《美国残疾人法案》第二章。1973年的《康复法案》第504条规定:"在美国,任何其他方面符合条件的残疾人……不得仅因其残疾而在任何接受联邦财政援助的项目或活动中被排除,被剥夺利益,或遭受歧视。"类似地,《美国残疾人法案》第二章规定:"任何残疾人,不得因其残疾而在公共机构的服务、项目或活动中被排除,被剥夺利益,或遭受任何此类机构的歧视。"由于这些法律的要求和范围非常相似,因此法院经常综合考虑这些法律的要求(参见 K. M. v. Hyde Park Central School District, 2005)。

如前所述，审理这类索赔的法院经常会参照"戴维斯标准"，认为当学校或学区蓄意漠视骚扰是严重的、普遍的、客观冒犯性的，并否认受欺凌者平等获得教育资源和机会时，学校或学区才可能对学生之间的骚扰负责（参见 *K. M. v. Hyde Park Central School District*，2005）。与性别骚扰和种族骚扰一样，符合这一标准的残疾骚扰（例如，身体暴力、辱骂）的类型也因法庭而异。然而，至少有一些证据表明，与同伴骚扰的其他受欺凌者相比，精神残疾的受欺凌者门槛较低。具体来说，在一些涉及发育受损的受欺凌者的案件中，法院愿意帮助当事人发现非身体层面的欺凌行为（如言语嘲弄或社会孤立）的严重程度达到"戴维斯标准"（参见 *K. M. v. Hyde Park Central School District*，2005）。

虽然法律明确允许诉讼人可以根据《康复法案》和《美国残疾人法案》向接受联邦基金的学校和学区提起索赔，但并未明确指出个人可能承担的责任。也就是说，虽然有些司法管辖区的法院认定，根据《康复法案》和《美国残疾人法案》，学校教师、校长或其他工作人员等个人可能承担责任，但大多数司法管辖区的法院并未允许诉讼人提起针对个人的此类索赔（参见 *Doe v. Town of Bourne*，2004）。

向个别学校教职工索赔

《民权法案》第1983条授予公民向那些剥夺他们拥有的联邦法律规定的权利的州公职人员，如教师、行政人员和其他工作人员提起损害赔偿诉讼的权利。与之前讨论的法规相比，《民权法案》第1983条是专门针对个人提起的诉讼制定的，这种类型的索赔不得针对整个学校或学区。根据这一联邦法规提起的索赔通常简称为"第 1983 条索赔"。在涉及欺凌事件的诉讼中,有关的联邦权利通常来自美国宪法第十四修正案。

美国宪法第十四修正案有两个条款非常重要。第一个条款是第十四修正案的正当程序条款。第十四修正案的正当程序条款规定:"任何州均不得……在未经正当法律程序的情况下剥夺任何人的生命、自由或财产。"正当程序通常由实质性正当程序和程序性正当程序组成。前者通常涉及欺凌事件的诉讼。当州立法和其他政府行为侵犯个人受保护的权利时,以及州公职人员作出一些触犯良知的行为从而侵犯个人的权利时,实质性正当程序可以为个人提供保护(County of Sacramento v. Lewis, 1998)。这一标准非常高,由于过失而造成的伤害并没有违反实质性正当程序(County of Sacramento v. Lewis, 1998)。实际上,对那些没有保护好儿童使其免受来自第三方,如另一名儿童的伤害的州公职人员来说,法院通常不愿意依据实质性正当程序给他们强加责任(参见 DeShaney v. Winnebago County Department of Social Services, 1989)。值得注意的是,在两种情况下,法院更愿意判州公职人员因未能防止第三方对个人的伤害而负责:(1)在涉及州羁押人员的案件中;(2)在由州制造的危险案件中。然而,大多数情况下,法院发现在典型的学校环境中这些特殊情况不存在。在校园暴力的背景下,一些法院甚至想得更长远,要求学校要员故意表现出漠视,从而找到同伴间骚扰或攻击的真正责任方(参见

Stevenson v. Martin County Board of Education，2001）。

第二个条款是平等保护条款。平等保护条款规定："所有州都不应该……否认在其管辖范围内的任何人均享有法律的平等保护。"为了根据《民权法案》第1983条的规定，维持对于平等保护的索赔，诉讼当事人必须证明"被告知法犯法，故意歧视某些群体"（*Flores v. Morgan Hill Unified School District*，2003）。歧视可以基于任何与该群体有关的特征，包括性别、种族、宗教、性取向和残疾。为了表明存在歧视，一般情况下原告必须提供证据，以证明被告学校要员对原告的处理方式不同于类似处境下的其他人，例如尽管学校要员已经强制执行学校的反骚扰政策以保护其他学生，但未执行相关政策以预防学生骚扰同性恋学生。

总体而言，诉讼当事人如果想将发生在学校范围之外的欺凌事件造成的伤害告上联邦法院，难度非常大。尽管如此，一些诉讼当事人确实取得了成功，特别是当受害人遭受严重损害时，学校要员知道欺凌者对受欺凌者采取欺凌行为这件事，但没有或几乎没有惩罚欺凌者或预防未来类似事件的发生。然而，对大多数受欺凌者而言，根本无法获得联邦法律下的赔偿，因为受欺凌者不是联邦骚扰法规定的受保护人群。因此，这些受欺凌者可能会选择根据州法律提起诉讼，下一节会进一步讨论。

根据州法律索赔

与联邦案件相比，与学校欺凌事件有关的州案件可以依据更广泛的州法律，包括隐私方面的法律、渎职和故意造成情绪困扰方面的法律、歧视方面的法律，以及各种州教育法典的规定，等等。这些法律的范围和可执行性因州而异，取决于法律的确切用词和州法院对这些法律的解释。尽管州法律下的赔偿一般不会像联邦法律那样对诉讼当事人具有吸引力，但根据州法律提起诉讼可能是那些不受联邦骚扰法保护的受欺凌者的唯一选择。研究发现，受欺凌者经常受到欺凌，并不是因为他们的种族、性别或残疾等特征，而仅仅是因为他们在那里，联邦法律在这方面的缺口尤其值得注意。

州立法机构可以通过州反欺凌立法来帮助填补这一缺口。前面详细讨论的州反欺凌立法的最新趋势会引发一个问题，即诉讼当事人是否可以对学校或公职人员不遵守这些法律提起诉讼。目前，这个问题在很大程度上还没有答案，但至少有一个法院考虑了这个问题。在华盛顿诉皮尔斯案（2005）中，佛蒙特州最高法院审查了一名学生的索赔，该学生声称她的学校违反了佛蒙特州欺凌法的规定，没有制定反欺凌政策。虽然法院认定，没有充分的证据表明学校的政策未能符合法规的要求，但这一诉讼表明人们愿意根据该州的欺凌法提起索赔。其他州是否会效仿还有待观察。

结论和建议

随着最近对欺凌行为及其可能造成的伤害的担忧的加剧，教育工作者有义务尽可能多地了解欺凌行为以及有效的预防和干预措施(见第二章、第三章、第六章、第七章)。只有这样,他们才能熟悉关于欺凌的州法律以及任何可能存在的州级示范/样本政策。无论州法律是否要求,我们都鼓励地方教育委员会(或其他相关政策制定者)为各年级制定反欺凌政策。这些地方政策应当与州法律和政策一致,并吸取当前最新的研究成果,通过全校范围的持续努力,更好地解决欺凌问题(Vreeman & Carroll, 2007)。此外,政策的制定还应考虑包括教育工作者、家长和学生在内的所有利益相关者的意见,而且应该整合学区内所有评估欺凌预防工作的条款。我们不建议逐字采用任何示范政策,尽管这些示范政策可能会为政策制定者提供有用的指导。地方政策应该反映自己的独特之处和需求,在这种情况下政策才是最有效的。制定和执行以预防为重点的良好的反欺凌政策,不仅会减少学校和学区卷入法律事件的机会,而且会降低儿童因在学校遭受欺凌而感到痛苦的可能性。

案 例

杰西(据其母亲杰里·哈费尔所述)

杰西的父亲是一位出色的科学家,杰西非常崇拜他。杰西的父亲性格比较内向,母亲性格则非常外向,她经营着一家礼品店,在闲暇时间驯马、帮助邻里。作为一个小孩,杰西经常被称为"能量兔"(energizer bunny),她非常外向,热爱生活,思想成熟,惹人喜爱,而且非常有洞察力。她在很小的时候就写道:"灵魂永不会死。"

每天早上,杰西的父母都会送她去上学,母亲通常会在放学后接她。杰西走路蹦蹦跳跳,就好像她的身体充满生活的兴奋感。母亲每天都非常期待去接女儿,因为杰西总是会有很多令人兴奋的事情分享。她会滔滔不绝地谈论自己一天发生的所有事情,一件也不落下。

在某一天放学的时候,母亲注意到平日里常常仰着头四处看的杰西今天低着头,也不再蹦蹦跳跳了。杰西看着地面,缓缓地朝着母亲走来。杰西滑进前座,母亲问:"怎么了,杰西?"这不再是她认识的那个快乐、轻松的女儿了,母亲因此感到非常担心。杰西回答:"老师说我们毫无价值。她说我不好,没有人喜欢我。她说她讨厌我们一家,我们让她的生活过得很糟糕。"杰西的眼睛里充满了泪水。"老师在说谎对不对,妈妈?老师说,如果发现有什么不好的事情发生要去告诉老师。但如果他们对你大吼,说你是一个麻烦制造者,而且没有人喜欢你,你会怎么做?老师说我是一个爱说闲话的人,每个人都会嘲笑我。"听到杰西说这些话,母亲也变得非常沮丧,以至于一回到家就打电话给一位朋友,请朋友帮忙照顾杰西,然后她回到学校去找杰西的老师。

那天下午,母亲走进教室,发现杰西的老师正在翻阅一些工作文件,老师很惊讶看到杰西的母亲。杰西的母亲问老师是否对杰西说过这些话。老师看起来很震惊,她说杰西是个好学生。她并不否认说过这些话,但不是对杰西说的,而是在说操场上发生的一件事,那件事与杰西或整个班级都无关。随后,杰西的母亲推断,可能杰西太敏感了,以至于她把观察到的操场上发生的事情当作自己的事情。老师告诉杰西的母亲,杰西是个快乐、热心的孩子。她表示,杰西比她教过的任何学生都成熟。杰西的母亲为她的女儿感到骄傲。

但接下来发生的事情确实与杰西有关,直到今天,杰西的母亲都觉得那是无法言语的痛苦。母亲认为,如果她没有作出那个致命的承诺,如果他们搬家,也许杰西就不会做那件傻事了。在小学的某一天,杰西的母亲到朋友家里接杰西,杰西很高兴,提出她想带一些鲜花到养老院看望老人。母亲说可以在星期六的时候去,杰西便给附近养老院的老人打了电话安排了这次拜访。那天晚上,杰西和母亲在晚餐后像往常一样读书,第二天早上杰西还是正常的、快乐的,并为上学感到兴奋。

放学后,杰西的母亲等着她,期待她生气勃勃地叙述当天发生的事情,然而她再次看到杰西垂着头跑到车里。"杰西,怎么了?"母亲的声音充满警觉。"妈妈,我不能告诉你。"她说着,一滴泪水从她长着小雀斑的美丽脸颊上滚落下来。"为什么不能告诉我?"母亲问。"拜托了,妈妈,拜托!如果我告诉你,事情会变得更糟。"此时,她美丽的棕色眼睛里遏制不住地流下泪水,并滴落在脸颊上。母亲恳求杰西告诉自己到底怎么了。车依旧停在校门口,母亲说要去找老师,杰西尖叫着乞求她不要去。杰西哭着说:"我可以告诉你,如果你保证。""什么?"母亲问道,"保证什么?为什么?"

杰西说:"妈妈,请记住,除非你能做到,否则永远不要承诺。""好。"母亲回答。杰西说:"妈妈,如果你保证不再去找我的老师,如果你答应不告诉任何人,甚至不告诉爸爸,那么我可以告诉你。如果你不能保证,那就没有人可以让我诉说了。"母亲答应了,但直到现在,她都在后悔,希望自己从未作出这样的承诺。她因为女儿的自杀一直责怪自己,她后悔当时作出这样的承诺。

杰西告诉妈妈,那天早上她被老师拿来举例子,教育其他学生不要告诉父母在班级里发生的事情。杰西被比作一个"婴儿",必须向母亲"不停抱怨"。所有学生都嘲笑她,而且他们知道如果将发生在自己身上的言语欺凌告诉父母,那么可能会发生什么。杰西告诉母亲:"他们都嘲笑我,在课间他们都戳我。"母亲看到杰西的手臂都肿了,便想去学校找老师。杰西哭泣着恳求,说母亲已经答应不去学校,她恳求母亲不要让事情变得更糟。母亲想让杰西离开学校,甚至去找学校负责人。不幸的是,杰西是对的。欺凌的情况变得更糟。杰西出于各种原因受欺凌:她是学校里唯一的犹太学生,她很聪明,她的家人被其他人视为富有的,她为受欺凌的学生辩护,这个社区对"外来者"一直保持警惕。尽管经常受到欺凌,杰西依然说她不想离开学校。母亲记得杰西乞求不要把自己受欺凌的事情告诉父亲,母亲同意了,她没有告诉自己的丈夫,她也没有再去学校找老师。从小学到初中,欺凌行为变得越来越严重。杰西的母亲依旧信守承诺,虽然杰西是跆拳道黑带三段,但她从未作出反击。

"你们想要什么?"这是学校的负责人在杰西14岁时自杀后问杰西父母的问题。杰西小学和初中的校长以及顾问也参加了这次会面。"我们真正想要的就是我们的女儿回来!"杰西的父母想要大喊出来。但是,他们最终没有这样说。杰西的父母不确定是否有这么大的奇迹,所以他们要求管理人员做一件他们可以做到的小事。他们希望学校能有所改变。

所有人都害怕被起诉,杰西的父母被告知他们可以起诉并获胜。每个人都知道这一点。有足够的证人,足够的纸质证据,杰西的父母也已经获得法院许可以查看电脑获取更多证据。然而,他们觉得任何赔偿都不会让自己的孩子回来,更重要的是,他们觉得杰西不希望这样,他们觉得自己的孩子是宽容的和充满无条件的爱的。她从来不是一个谴责他人的孩子,从来不是一个尖酸刻薄的孩子。

对杰西的案例的思考

"我们想要的只是改变。"杰西的父母说,他们希望杰西所在的学校和其他所有学校能成为学生学习的安全场所。杰西总是想上学,她是一个外向的人,热爱他人,热爱学习一切事物。杰西不喜欢谎言和八卦,甚至有时候这些谎言和八卦是老师说的。她不喜欢老师给学生贴标签,不喜欢忽视和不公平,也不喜欢由于宗教和社会经济的原因而公然受到偏袒。杰西居住的小镇在很多方面都体现了关于接受和排斥的问题,大家通常会根据运动、宗教信仰以及和谁有关系去判断可以接受哪些人,需要排斥哪些人。根据这样的一套标准,杰西被完全排斥在外。她的家人并不是本地人,这个小镇的很多人都不明白,为什么一个犹太家庭会搬到这个地方,在女儿离开之后,他们为什么还要留下来。然而,杰西的父母仍然希望能有所改变,并希望杰西与她居住的、为之献出生命的地方一直保持联系。

后续问题

1. 有关杰西的经历的更多细节,可以阅读《奥马哈世界先驱报》上的文章,网址为 *www.advantagebio.com/Stories.htm*。哪些细节让你印象深刻?杰西的故事产生了怎样的影响?

2. 杰西的父母决定不起诉学区,因为他们觉得诉讼不会带来任何变化。那么,变化要如何产生?在这种情况下,你认为诉讼会改变人们对待彼此的方式吗?

3. 我们一遍又一遍地听到类似的事情,许多小城镇对差异非常不包容。家庭和学校应该如何努力去接纳所有孩子,而不论其宗教、性取向、性别和其他特征?你要怎样教导孩子学会包容?

4. 考虑一下杰西和她父母的故事中最引人注目的点。你觉得应该怎样做,让更多生命不会因欺凌而消亡?

第六章
利用自己的资源与欺凌战斗

我们的一位同事讲了这样一个故事,当他去学校考察的时候,学校的副校长告诉他:"我们特别喜欢你们的反欺凌项目!"同事说:"太好了。它运行得怎么样?"副校长回答:"我不知道。它还放在我办公室的箱子里呢!"这个故事提醒我们,有效的欺凌预防和干预并不是购买特定的项目,而是改变社会关系,使其健康、功能正常。我们假设,如果培养学生建立健康的社会关系,那么根据定义,欺凌行为就不会发生。除了提出"允许欺凌/受欺凌行为发生的条件是什么"这一问题,还有一点值得关注,那就是"人比项目更重要"。人们需要建立健康的社会关系,学校的成年人应该教导学生如何尊重他人,对他人友善,以及互相帮助。

本章的重点是帮助学校分析工作人员和学生中存在的社会风气,并找出利用收集到的数据增强社会关系的方法。在简要介绍基于数据的决策模型(data-based decision-making model)之后,我们详细阐述评估社会风气、增强家校关系、增强学校—社区关系、提高社会关系质量的内容,以预防和减少欺凌行为。接下来举例说明，一所小学如何将欺凌意识和预防融入一个名为"欺凌文学项目"(Bullying Literature Project)的三年级文学课程。有许多创造性的方式可以让学校及其工作人员在不必购买昂贵的项目和聘请昂贵的顾问的情况下，解决欺凌的预防和干预问题。我们经常听到："我们负担不起项目 X 或项目 Y，因此不知道该如何处理欺凌问题。"我们的回应是，塑造和培养健康的社会关系并创造阻止欺凌行为发生的条件是完全免费的！

利用数据进行决策

我们列出了利用数据进行决策的标准，以指导欺凌预防和干预项目的实施（见图 6-1）(Swearer & Espelage，2004)。在学校根据数据来制定欺凌预防和干预项目的时代已经到来。市场上超过 300 个暴力预防项目中，只有不到四分之一的项目经过实证研究的检验(Howard，Flora，& Griffin，1999)，这表明我们做得并不好。过去，家长、教育工作者和研究人员只收集和使用自己的数据，从而作出有关欺凌预防和干预的决策，这样的日子早已一去不复返。我们希望本章能够帮助家长、教育工作者和研究人员思考，如何使用更广泛的数据来指导实践并最终减少或消除学校和社区中的欺凌行为。

图 6-1 中的内容是帮助学校员工思考如何收集欺凌/受欺凌数据，然后利用这些数据作出决策的指南。我们经常会讲述这样一个例子：有一所中学，每年春季都会要求员工收集数据。学校

> 1. 与大学研究人员合作评估欺凌行为。
> 2. 开展全校范围内欺凌行为的匿名评估。
> 3. 评估手段涵盖多个报告者以获得不同的观点（学生、教师、学校其他工作人员、家长）。
> 4. 尽可能使用自我报告、同伴报告、教师报告和观察法。
> 5. 利用数据画出在特定学校或教室中的欺凌范围图。
> 6. 利用数据进行有关欺凌的课堂展示。
> 7. 利用数据为欺凌行为制定干预措施。
> 8. 利用数据制定预防措施，形成反欺凌风气。
> 9. 将数据与家长群（例如，家长—教师组织）共享。
> 10. 根据每所学校和/或课堂的数据帮助指导欺凌预防和干预，从而形成一种将数据作为决策依据的风气。

图 6-1 欺凌预防和干预项目中利用数据进行决策的指南

改编自：Swearer, S. M., & Espelage, D. L. (2004). Introduction: A social-ecological framework of bullying among youth. In D. L. Espelage & S. M. Swearer (Eds.), *Bullying in American schools: A social-ecological perspective on prevention and intervention* (pp.1-12). Mahwah, NJ: Erlbaum. Copyright 2004 by Lawrence Erlbaum Associates. Adapted by permission of Taylor and Francis Group, LLC, a division of Informa plc.

行政部门、工作人员、家长和学生都承诺每年春季收集数据，并利用这些数据作出欺凌预防和干预的决策（第九章有更详细的描述）。第一年，学生报告30%的欺凌发生在走廊上，第二年这个百分比上升到70%。欺凌行为显著增加的原因是什么？在第二年，学校管理部门把课间时间延长了1分钟。在查看了这些数据之后，学校管理部门决定"收回"这额外的一分钟，随后一年走廊上的欺凌行为就减少了。很简单，多了这一分钟，学生就有更多时间掌握在自己手中,他们就会在走廊上实施欺凌。当"收回"这一分钟,允许欺凌发生的条件(即太多时间)被消除。这是一个利用数据作出决策的很好的例子,也是一个免费的干预措施。我们坚决主张,学校和社区应利用现有资源改变欺凌发生的条件。接下来,我们概述营造基于数据作出决策的风气的具体步骤,这是每个人、每个社区和每个学校都可以做到的。

第一步:收集数据

任何人都可以收集数据!首先,我们建议全面调查和评估学校的欺凌行为。市场上有许多欺凌调查表,对它们的详细描述不在本书范围之内。但是,每个学校和社区通常都具有各自的特征,这并不是所有调查表都可以捕捉到的。创建一个反欺凌委员会(如果你的学校还没有),让委员会收集一些调查表的样本,然后选择最适合你所在的学校环境和需求的调查表。

由行政管理人员、教师、家长和学生组成反欺凌委员会非常重要。建立该委员会可以向公众传达,反欺凌行动是学校和社区优先考虑的事情。可悲的是,我们在一些学校和社区看到,那些试图对欺凌行为做点什么的人会被视为"过度敏感",反而把重点放在不重要的地方。我们坚信,校长、学校委员会、作出反欺凌行为的教育局的支持是有效减少欺凌行为的关键组成部分。

评估校园风气(或社会风气)

"校园风气"这一概念的构成要素已得到广泛研究(Kasen et al., 2004),有助于形成健康的校园风气的要素对于预防校园欺凌问题至关重要。我们知道,良好的校园风气对于学校安全很重要(Sprague & Walker, 2005)。目前,有很多可以用来评估校园风气的调查表,也存在一些可以促进或破坏健康的校园风气的做法。试想一下这个例子:在一所中学,作为学校精神活动的一部分,学生和教职工需要为"相同的一天"(identical day)活动作宣传。在"相同的一天"活动当日,学生决定和朋友穿一样的衣服。虽然表面上看起来这是一个有趣的想法,但它实际上为关系攻击提供了机会。试想一下,如果只有那些与众不同的学生在"相同的一天"活动中穿不一样的衣服会怎样?如果一个学生对另一个学生说自己会和别人穿一样的衣服,但实际没有会怎样?学校可能无意中设置了鼓励欺凌的条件。学校里的成年人应该尽可能地检查政策和措施,看看这些活动是否确实会助长欺凌行为。

我们也认为,匿名收集数据至关重要。经常有人问我们,把学校学生的名字都列出来,然后让同伴去识别哪些是"欺凌者",哪些是"受欺凌者",这是不是一种好的做法。很显然,这并不是一种好的做法。通过让学生标记出欺凌者和受欺凌者的名字来识别欺凌,有助于进一步支持欺凌/受欺凌是二元对立的这种谬见,然而事实上欺凌/受欺凌并不是二元对立的(Espelage & Swearer,

2003)。这种识别方式也继续让人们认为,应该指责欺凌者和羞辱受欺凌者。此外,这种类型的调查实际上是通过鼓励学生专注于同伴的负面属性,甚至通过污蔑同伴来建立同伴关系,从而毒化校园风气。然而,向学生匿名询问欺凌发生的地点、欺凌的类型,以及其他行为细节有助于提高对特定学校欺凌本质的认识。有了这些信息,学校工作人员和学生就可以共同创造减少欺凌的条件(参见第九章的案例)。

第二步:提高对欺凌行为的认识

随着研究文献中对欺凌关注的增加,有关欺凌的儿童书籍也随之增加。考虑到用简单、易操作的方式可以让学生更好地提高对欺凌后果的认识,图书馆和媒体中心订购了大量解决欺凌问题的书籍。使用书籍来提高对某个问题的认识并帮助解决问题称为读书疗法。有人认为,读书疗法是一个与有欺凌/受欺凌问题的学生一起学习的很好的工具(Gregory & Vessey, 2004)。

为了评估用于解决欺凌/受欺凌问题的书籍,我们与三年级的和教师团队合作。我们对小学生和小学教师对关于欺凌的不同儿童书籍(即欺凌文学项目)的评分很感兴趣。在这个项目中,我们与内布拉斯加州林肯市马克赛小学的 6 名三年级教师和 102 名三年级学生合作,他们在 2006 年秋季参加了这个项目。我们选择了面向小学生读者的欺凌书籍(书籍列表见表 6-1)。教师和学生阅读并评价这些书籍,结果见表 6-2 和表 6-3。教师和学生评分时使用的问卷见本章末尾的附录6-1和6-2,问卷可以复制使用。欺凌文学项目的目的是提高对欺凌后果的认识,并教导学生如何批判性地评估他们正在阅读的书籍。该项目成为阅读课程的一部分,教师可以将该项目纳入课程计划。因为该项目是阅读课程的一部分,所以阅读有关欺凌的书籍并不会成为额外的负担。媒体中心的专家与三年级团队协作,为媒体中心订购了表6-1中列出的大多数书籍。记录和分析数据也可以成为数学课程的一部分,依据数据创建图表可以成为技术课程的一部分。因此,该项目跨越了不同课程,提高了人们对欺凌的认识。

表6-1 关于欺凌的部分小学儿童书籍

1. 《我的秘密小霸王》Trudy Ludwig, *My Secret Bully* (2005). Berkeley, CA: Tricycle Press.
2. 《英伦玫瑰》Madonna, *The English Roses* (2003). New York: Callaway Editions.
3. 《不要做小恶霸,比利》Phil Roxbee Cox, *Don't Be a Bully, Billy: A Cautionary Tale* (2004). London: Usborne.
4. 《蓝芝士嘴,臭汗脚》Catherine DePino, *Blue Cheese Breath and Stinky Feet: How to Deal with Bullies* (2004). Washington, DC: Magination Press.
5. 《闹事者的麻烦》Joanna Cole, *Bully Trouble* (1989). New York: Random House.
6. 《奥马尔与小霸王》Shabana Mir, *Umar and the Bully* (2007). Leicestershire, UK: Islamic Foundation.
7. 《贝贝熊和小霸王》Stan and Jan Berenstain, *The Berenstain Bears and the Bully* (1993). New York: Random House.
8. 《令人头痛的小霸王》Trevor Romain, *Bullies Are a Pain in the Brain* (1997). Minneapolis, MN: Free Spirit.
9. 《艾米莉亚的受气生存指南》Marissa Moss, *Amelia's Bully Survival Guide* (2006). New York: Simon & Schuster.

续 表

10. 《珍妮小霸王》Alexis O'Neill and Laura Huliska-Beith, *The Recess Queen* (2002). New York: Scholastic Press.
11. 《我的校园没烦恼:同学不和我玩怎么办》Trevor Romain, *Cliques, Phonies, and Other Baloney* (1998). Minneapolis, MN: Free Spirit.
12. 《如何应对恶霸》Kate Cohen-Posey, *How to Handle Bullies, Teasers and Other Meanies: A Book That Takes the Nuisance Out of Name Calling and Other Nonsense* (1995). Highland City, FL: Rainbow Books.
13. 《胆小鬼威尔雷特》Cari Best, *Shrinking Violet* (2001). New York: Farrar, Straus & Giroux.
14. 《敌人派》Derek Munson, *Enemy Pie* (2000). San Francisco: Chronicle Books.
15. 《站得高高的,茉莉》Patty Lovell, *Stand Tall, Molly Lou Melon* (2001). New York: Putnam.
16. 《说些什么》Peggy Moss, *Say Something* (2004). Gardiner, ME: Tilbury House.
17. 《起来为自己说话》Gershen Kaufman, Lev Raphael, and Pamela Espeland, *Stick Up for Yourself!: Every Kid's Guide to Personal Power and Positive Self-Esteem* (1999). Minneapolis, MN: Free Spirit.
18. 《怎样失去你所有的朋友》Nancy Carlson, *How to Lose All Your Friends* (1997). New York: Puffin.
19. 《不要再欺凌鲍比了!》Dana Smith-Mansell, *Stop Bullying Bobby!: Helping Children Cope with Teasing and Bullying* (2004). Far Hills, NJ: New Horizon Press.
20. 《游乐场之王》Phyllis Reynolds Naylor, *King of the Playground* (1994). New York: Aladdin.
21. 《别老找我茬》Pat Thomas, *Stop Picking on Me: A First Look at Bullying* (2000). Hauppauge, NY: Barron's Educational Series.
22. 《西蒙的鱼钩》Karen Gedig Burnett, *Simon's Hook: A Story about Teases and Put-Downs* (1999). Felton, CA: GR Publishing.
23. 《别嘲笑我》Steve Siskin and Allen Shamblin, *Don't Laugh at Me* (2002). Berkeley, CA: Tricycle Press.
24. 《没人知道怎样做》Becky Ray McCain, *Nobody Knew What to Do: A Story about Bullying* (2001). Morton Grove, IL: Albert Whitman.

表6-2 欺凌文学项目中的教师评分

书 名	评分人数	平均分[a]
《我的秘密小霸王》 　对欺凌的教导 　提出的欺凌解决办法 　教学用书情况 　易于理解 　总体评价	3	1.33 1.67 1.33 1.33 1.33
《英伦玫瑰》 　对欺凌的教导 　提出的欺凌解决办法 　教学用书情况 　易于理解 　总体评价	6	1.67 1.67 2.00 1.67 1.67
《不要做小恶霸,比利》 　对欺凌的教导 　提出的欺凌解决办法 　教学用书情况 　易于理解 　总体评价	4	2.50 3.00 3.00 2.00 2.75
《蓝芝士嘴,臭汗脚》 　对欺凌的教导 　提出的欺凌解决办法 　教学用书情况 　易于理解 　总体评价	5	1.20 1.40 1.40 1.40 1.40
《闹事者的麻烦》 　对欺凌的教导 　提出的欺凌解决办法 　教学用书情况 　易于理解 　总体评价	3	1.33 2.00 2.33 1.67 2.33

续 表

书　　名	评分人数	平均分[a]
《奥马尔与小霸王》 　对欺凌的教导 　提出的欺凌解决办法 　教学用书情况 　易于理解 　总体评价	4	1.30 1.50 2.50 2.30 2.00
《贝贝熊和小霸王》 　对欺凌的教导 　提出的欺凌解决办法 　教学用书情况 　易于理解 　总体评价	5	1.80 2.00 2.40 1.60 2.00
《令人头痛的小霸王》 　对欺凌的教导 　提出的欺凌解决办法 　教学用书情况 　易于理解 　总体评价	3	1.00 1.00 1.30 1.66 1.66
《艾米莉亚的受气生存指南》 　对欺凌的教导 　提出的欺凌解决办法 　教学用书情况 　易于理解 　总体评价	4	2.00 2.00 3.00 2.25 2.25
《珍妮小霸王》 　对欺凌的教导 　提出的欺凌解决办法 　教学用书情况 　易于理解 　总体评价	6	1.60 1.83 1.67 1.50 1.50

续　表

书　　名	评分人数	平均分[a]
《我的校园没烦恼：同学不和我玩怎么办》 　　对欺凌的教导 　　提出的欺凌解决办法 　　教学用书情况 　　易于理解 　　总体评价	3	1.66 1.66 2.00 1.66 1.66
《如何应对恶霸》 　　对欺凌的教导 　　提出的欺凌解决办法 　　教学用书情况 　　易于理解 　　总体评价	3	1.00 1.00 1.00 1.00 1.00
《胆小鬼威尔雷特》 　　对欺凌的教导 　　提出的欺凌解决办法 　　教学用书情况 　　易于理解 　　总体评价	6	2.00 2.33 2.33 2.33 2.00
《敌人派》 　　对欺凌的教导 　　提出的欺凌解决办法 　　教学用书情况 　　易于理解 　　总体评价	5	1.80 1.60 1.40 1.20 1.50
《站得高高的，茉莉》 　　对欺凌的教导 　　提出的欺凌解决办法 　　教学用书情况 　　易于理解 　　总体评价	5	2.00 2.20 2.20 1.80 2.00

续　表

书　　名	评分人数	平均分[a]
《说些什么》 　　对欺凌的教导 　　提出的欺凌解决办法 　　教学用书情况 　　易于理解 　　总体评价	5	1.40 1.20 1.40 1.40 1.40
《起来为自己说话》 　　对欺凌的教导 　　提出的欺凌解决办法 　　教学用书情况 　　易于理解 　　总体评价	2	2.00 1.50 2.00 2.00 2.00
《怎样失去你所有的朋友》 　　对欺凌的教导 　　提出的欺凌解决办法 　　教学用书情况 　　易于理解 　　总体评价	4	2.50 3.50 3.00 2.00 2.75
《不要再欺凌鲍比了!》 　　对欺凌的教导 　　提出的欺凌解决办法 　　教学用书情况 　　易于理解 　　总体评价	2	1.50 1.50 1.50 1.50 1.50
《游乐场之王》 　　对欺凌的教导 　　提出的欺凌解决办法 　　教学用书情况 　　易于理解 　　总体评价	5	2.00 2.00 3.00 3.00 3.00

续 表

书　　名	评分人数	平均分[a]
《别老找我茬》 　对欺凌的教导 　提出的欺凌解决办法 　教学用书情况 　易于理解 　总体评价	5	1.60 1.80 2.40 1.75 2.00
《西蒙的鱼钩》 　对欺凌的教导 　提出的欺凌解决办法 　教学用书情况 　易于理解 　总体评价	5	1.60 1.40 1.60 1.80 1.60
《别嘲笑我》 　对欺凌的教导 　提出的欺凌解决办法 　教学用书情况 　易于理解 　总体评价	5	1.80 2.60 2.60 1.80 2.00
《没人知道怎样做》 　对欺凌的教导 　提出的欺凌解决办法 　教学用书情况 　易于理解 　总体评价	4	1.75 1.25 1.75 1.00 1.50

[a] 数字越小表示评价越高：1＝非常同意；2＝同意；3＝不同意；4＝强烈反对。

表6-3 欺凌文学项目中的学生评分

书　　名	评分人数	平均分[a]
《我的秘密小霸王》 　对欺凌的教导 　提出的欺凌解决办法 　推荐给朋友 　易于理解	96	1.76 1.84 1.96 1.67
《英伦玫瑰》 　对欺凌的教导 　提出的欺凌解决办法 　推荐给朋友 　易于理解	94	2.03 2.18 1.76 1.51
《不要做小恶霸，比利》 　对欺凌的教导 　提出的欺凌解决办法 　推荐给朋友 　易于理解	96	1.82 1.50 1.94 1.67
《蓝芝士嘴，臭汗脚》 　对欺凌的教导 　提出的欺凌解决办法 　推荐给朋友 　易于理解	75	1.53 1.53 1.66 1.69
《闹事者的麻烦》 　对欺凌的教导 　提出的欺凌解决办法 　推荐给朋友 　易于理解	98	1.50 1.94 1.67 1.51

续 表

书　　名	评分人数	平均分[a]
《奥马尔与小霸王》 　对欺凌的教导 　提出的欺凌解决办法 　推荐给朋友 　易于理解	71	1.42 1.54 1.77 1.56
《贝贝熊和小霸王》 　对欺凌的教导 　提出的欺凌解决办法 　推荐给朋友 　易于理解	74	1.69 2.31 1.74 1.55
《令人头痛的小霸王》 　对欺凌的教导 　提出的欺凌解决办法 　推荐给朋友 　易于理解	76	1.46 1.43 1.63 1.41
《艾米莉亚的受气生存指南》 　对欺凌的教导 　提出的欺凌解决办法 　推荐给朋友 　易于理解	52	1.88 2.15 2.02 1.77
《珍妮小霸王》 　对欺凌的教导 　提出的欺凌解决办法 　推荐给朋友 　易于理解	94	1.76 2.04 1.61 1.50

续 表

书　　名	评分人数	平均分[a]
《我的校园没烦恼：同学不和我玩怎么办》 　　对欺凌的教导 　　提出的欺凌解决办法 　　推荐给朋友 　　易于理解	17	1.76 1.88 1.41 1.53
《如何应对恶霸》 　　对欺凌的教导 　　提出的欺凌解决办法 　　推荐给朋友 　　易于理解	20	1.25 1.10 2.05 1.50
《胆小鬼威尔雷特》 　　对欺凌的教导 　　提出的欺凌解决办法 　　推荐给朋友 　　易于理解	97	2.08 2.16 1.92 1.79
《敌人派》 　　对欺凌的教导 　　提出的欺凌解决办法 　　推荐给朋友 　　易于理解	99	2.23 1.92 1.65 1.46
《站得高高的，茉莉》 　　对欺凌的教导 　　提出的欺凌解决办法 　　推荐给朋友 　　易于理解	96	2.23 2.21 1.80 1.74

续 表

书　　名	评分人数	平均分[a]
《说些什么》 　对欺凌的教导 　提出的欺凌解决办法 　推荐给朋友 　易于理解	92	1.91 2.23 2.08 1.75
《起来为自己说话》 　对欺凌的教导 　提出的欺凌解决办法 　推荐给朋友 　易于理解	0	
《怎样失去你所有的朋友》 　对欺凌的教导 　提出的欺凌解决办法 　推荐给朋友 　易于理解	73	2.73 3.41 2.41 2.26
《不要再欺凌鲍比了!》 　对欺凌的教导 　提出的欺凌解决办法 　推荐给朋友 　易于理解	57	1.79 1.88 1.63 1.89
《游乐场之王》 　对欺凌的教导 　提出的欺凌解决办法 　推荐给朋友 　易于理解	97	1.89 1.84 1.91 1.67

续 表

书　　名	评分人数	平均分[a]
《别老找我茬》		
对欺凌的教导		1.67
提出的欺凌解决办法	83	2.02
推荐给朋友		2.06
易于理解		1.58
《西蒙的鱼钩》		
对欺凌的教导		1.70
提出的欺凌解决办法	73	1.79
推荐给朋友		1.58
易于理解		1.52
《别嘲笑我》		
对欺凌的教导		2.11
提出的欺凌解决办法	93	2.57
推荐给朋友		2.05
易于理解		1.76
《没人知道怎样做》		
对欺凌的教导		1.99
提出的欺凌解决办法	70	1.76
推荐给朋友		2.03
易于理解		1.57

[a] 数字越小表示评价越高：1＝非常同意；2＝同意；3＝不同意；4＝强烈反对。

欺凌文学项目：教师和学生的数据

6名三年级教师(5女1男)参加了此次欺凌文学项目。他们的平均教龄为15.67年,在马克赛小学平均任教2.67年,他们都是欧裔美国人。表6-2列出了24本书的平均得分。教师评价最高的关于欺凌的五本书是：(1)《如何应对恶霸》；(2)《令人头痛的小霸王》；(3)《蓝芝士嘴，臭汗脚》；(4)《说些什么》；(5)《我的秘密小霸王》。

120名三年级学生参加了此次欺凌文学项目。其中，98%的学生以英语为母语，87%的学生是欧裔美国人，47%的学生是女孩，53%的学生是男孩。表6-3列出了24本书的平均得分。排名前五的最受学生欢迎的欺凌教导方面的书是：(1)《如何应对恶霸》；(2)《令人头痛的小霸王》；(3)《奥马尔与小霸王》；(4)《蓝芝士嘴，臭汗脚》；(5)《闹事者的麻烦》。

有趣的是，有三本书得到了教师和学生的最高评价，他们认为这三本书在教导欺凌行为方面最有帮助。对于资源有限的小学，我们建议先购买这三本书。学生和教师报告很喜欢欺凌文学项目。该项目是介绍有关欺凌的书籍的一种很好的方式，适合儿童的发展。此外，由于欺凌文学项目被归为三年级文学课程的一部分，因此它并不是一个"额外的负担"。教师将批判性思维技能融入这一课程，学生也喜欢为每本书填写评分表。学生写了很多有关他们学到的东西的评论，包括"我学会了永远不要欺凌别人，否则没有人会和你一起玩，或想成为你的朋友""如果有人对你不好，就不要和他们一起玩""如果有些人看起来很孤独，你应该去问他们是否想要一起玩""它教会了我欺凌会造成伤害。不要欺凌""如果有人受到欺凌，不要站在旁边围观""如果有人受到欺凌，就去告诉大人，这样他们就会注意""不要让欺凌者引起你的注意，因为那正是他们想要的"。

第三步：增强家校关系

当我们将欺凌视为社会关系问题时，学校与家庭之间的关系在有效的欺凌预防和干预中就变得至关重要。如果学校工作人员和家庭成员之间关系不良，那么儿童和青少年会去观察成年人的生活矛盾。我们经常听到，有些家长对学校工作人员感到愤怒，认为自己不受支持；我们还经常听说学校工作人员认为学生家长并不支持学校的工作。当家庭与学校发生这些矛盾时，学生很难看到健康的成人关系或矛盾解决方式。培养学校和家庭之间的长期关系是一种持续的互动，需要不断沟通和努力（Christenson & Sheridan，2001）。学校工作人员应通过家校交流工具（例如笔记、电子邮件），以及学校活动、课堂活动等让家长持续参与教育过程。家长应该不断思考，他们如何才能够支持孩子的教师和学校（例如，参加家长—教师会议，在教室里做志愿者，帮助学校组织活动）。家庭与学校之间的积极联系有助于学生、家长和学校建立健康的关系，这也为消除欺凌行为发生的条件奠定了基础。

第四步：增强社区—学校关系

美国各地的许多学校都有支持项目运转和学校活动，以及给予资金支持的商业或社区合作伙伴。这些类型的社区—学校关系对学校非常重要。内布拉斯加州的结对指导项目（the TeamMates mentoring program）就是积极的社区—学校关系的一个例子。结对指导项目由汤姆·奥斯本（Tom Osborne）博士和他的妻子南希

(Nancy)于1991年创立。这是一个在学校开展的指导项目,一名社区成人志愿者与一名需要额外帮助的学生结对,通过给予学生正面指导来帮助其顺利完成高中学业。在内布拉斯加州林肯市,目前该项目正在为四至十二年级的550名学生提供服务。健康的社区—学校关系是合作性的、积极的,它注重学生的成就和成功,并保证多样性(Sheridan, Napolitano, & Swearer, 2002)。结对指导项目是一个社区—学校重要联结的良好典范。目前,结对指导项目已与内布拉斯加大学林肯分校的目标欺凌项目(Target Bullying Project)合作,以评估结对指导项目对于指导学生在欺凌/受欺凌方面的成效。我们预测,通过结对指导项目建立良好的社区—学校关系将会减少欺凌行为,并有助于受欺凌的学生感受到支持和帮助。

第五步:改变社会风气

牢记80/20定律(Koch, 1998),我们就会知道,除非社区中的大多数人都支持某个概念、想法或项目,否则它将会失败。因此,大家共同执行欺凌预防和干预措施是改变欺凌行为发生的条件的基础(Orpinas & Horne, 2006)。我们确实需要整个社会共同努力来改变社会风气(Clinton, 1996),并有效打击欺凌行为。

结论和建议

学校教职工可以利用自己的资源来打击欺凌/受欺凌行为,

这并不复杂。为了发展健康的社会关系，成年人需要先形成健康的社会关系。图6-2展示了父母与学校教职工良好交流的基本原则。学区和学校教职工需要建立一个数据收集系统，以评估学校欺凌/受欺凌的范围。提高对欺凌行为的认识同样至关重要。你的学校和/或社区是通过什么途径来提高这种认识的？通过课程教学培养学生的反欺凌意识是很好的第一步。直接公开地与家长和社区领导合作也有助于减少青少年的欺凌行为。

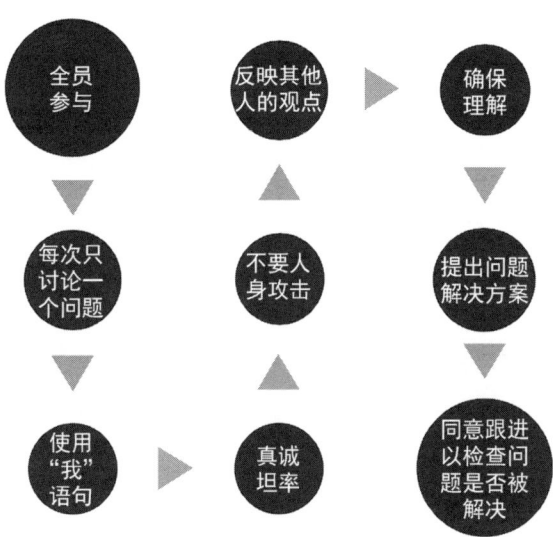

图6-2 父母与学校教职工良好交流的基本原则

注：Copyright by The Guilford Press. 此图复印件仅供本书购买者使用（Susan M. Swearer，Dorothy L. Espelage，& Scott A. Napolitano，2009，详情请见版权页）。

案 例

本——背痛的秘密

本的父母感到非常困惑,为什么本总是说自己背痛。本的个子在同龄人中很小,身材也比较瘦弱,但一直身体健康。本总是抱怨自己背痛,所以他的父母最终带他去看医生,看看是否有什么方法可以缓解他的疼痛。医生给本推荐了一位理疗师,以使他的背部强壮并改善姿势。初次会面时,理疗师与本及其父母进行了一次全面的交谈。在谈话过程中,她问本平时是用一边肩膀背书包还是两边肩膀一起背。本说他通常用一边肩膀背书包,理疗师说这种背法可能会给一些学生造成很严重的背痛。但是,本的父母立刻说,本只是在下车后才背书包去他自己的储物柜那里,这点路程很难让他背痛。然而,本说其实他一整天都背着书包。此外,他还一直把所有课本和材料都放在书包里。

本的父母感到惊讶,因为本有很多厚重的教科书和学校材料。当被问及为什么要这样做时,本开始变得有点不舒服,他试图回避这个话题。当强迫他回答时,本才表示和他一起用储物柜的伙伴一直在欺凌他,以至于他已经不再使用自己的储物柜了。事实上,本已经一个多月没有用过自己的储物柜了。

起初,父母很生本的气,因为他没有及时跟父母说这件事。本告诉父母,他一直试图自己处理这种情况,他并不想让父母或教师参与进来,因为担心情况可能会变得更严重。本与父母交谈之后,一起去找校长。校长非常痛快地给本安排了一个新储物柜。之后,本一直使用他的新储物柜,背痛也就消失了。

后续问题

1. 在这种情况下,最简单的解决办法就是让本换个储物柜。学校管理人员支持本和他的父母,通过简单地换个储物柜共同解决了欺凌问题。想想你的学校里的一些欺凌状况,哪些是通过一个简单的方法就可以解决的。

2. 校长对本更换储物柜的想法表示支持。所有学校管理人员都如此吗?是否所有家长都会创造条件让孩子自由谈论他们的问题?当答案为"否"时,你可以怎样帮助建立健康的家校关系?

3. 受欺凌的学生通常不会与大人(教师或家长)谈论他们的经历,因为担心情况会变得更糟或大人无法提供帮助。你的学校有哪些鼓励学生谈论自身经历的措施?是否有学校顾问、学校心理学家、社会工作者、指导教师或其他支持学生的人员?

4. 你所在学校的社区—学校关系是什么样的?社区与学校之间的联系如何创造条件以促进健康、积极的人际关系?

附录 6-1 欺凌文学项目——教师评估表[①]

姓名：　　　　　　学校：　　　　　　性别：　女　男

教龄：　　　　　　在本校的教龄：

种族：

　　____欧裔美国人　　　　　　____亚裔美国人

　　____非裔美国人　　　　　　____美洲原住民

　　____拉丁美洲人/西班牙人　　____中东人

　　____东欧人　　　　　　　　____亚洲人

　　____双种族人（请详述：_____）

　　____其他（请详述：_____）

欺凌是我们学校学生的一个问题。

非常同意　　同意　　不同意　　强烈反对
　　○　　　　○　　　○　　　　○

欺凌是我们学校教职工的一个问题。

非常同意　　同意　　不同意　　强烈反对
　　○　　　　○　　　○　　　　○

书名：

作者：　　　　　　　　　　日期：

1. 这本书教给我的学生有关欺凌的知识。

---

① Copyright by The Guilford Press. 本附录复印件仅供本书购买者使用（Susan M. Swearer, Dorothy L. Espelage, & Scott A. Napolitano, 2009，详情请见版权页）。

非常同意	同意	不同意	强烈反对
○	○	○	○

2. 这本书教给我的学生如何处理欺凌。

非常同意	同意	不同意	强烈反对
○	○	○	○

3. 我会把这本书用于教学。

非常同意	同意	不同意	强烈反对
○	○	○	○

4. 这本书的内容易于理解。

非常同意	同意	不同意	强烈反对
○	○	○	○

5. 我对这本书的总体评价是：

优秀	合格	一般	差
○	○	○	○

谢谢

附录6-2 欺凌文学项目——学生评估表[①]

姓名：

性别：女　男

年龄：

英语是你的母语吗？是　否

你的成绩怎么样？参照你上次的成绩单，你能得多少？（选择一个）

　　____大部分是4个S　　____4个S和3个S

　　____大部分是3个S　　____3个S和2个S

　　____大部分是2个S　　____2个S甚至更低

种族：

　　　　____欧裔美国人　　　　　　____亚裔美国人

　　　　____非裔美国人　　　　　　____美洲原住民

　　　　____拉丁美洲人/西班牙人　　____中东人

　　　　____东欧人　　　　　　　　____亚洲人

　　　　____双种族人（请详述：_____）

　　　　____其他（请详述：_____）

[①] Copyright by The Guilford Press. 本附录复印件仅供本书购买者使用(Susan M. Swearer, Dorothy L. Espelage, & Scott A. Napolitano, 2009, 详情请见版权页)。

第六章
利用自己的资源与欺凌战斗

书名：

作者：　　　　　　　　日期：

1. 这本书教给我有关欺凌的知识。

    非常同意　　同意　　　不同意　　　强烈反对
    　○　　　　　○　　　　○　　　　　○

2. 这本书教给我如何处理欺凌。

    非常同意　　同意　　　不同意　　　强烈反对
    　○　　　　　○　　　　○　　　　　○

3. 我会把这本书推荐给我的朋友。

    非常同意　　同意　　　不同意　　　强烈反对
    　○　　　　　○　　　　○　　　　　○

4. 我能读懂这本书。

    非常同意　　同意　　　不同意　　　强烈反对
    　○　　　　　○　　　　○　　　　　○

5. 请写下任何你从本书中学到的东西。

第七章
减少欺凌的实用策略

为了减少青少年的欺凌行为,我们需要对社会生态因素进行干预,这非常重要。如果我们将欺凌视为一种社会关系问题(第三章),那么很显然改善社会功能是减少欺凌行为的关键因素。本章将讨论个人、同伴、家庭、学校、社区和社会领域的实用策略,这些策略可以改善社会功能,进而减少欺凌行为。我们认为,为了有效减少欺凌,整个社会生态的协调干预非常重要(第二章)。根据80/20定律,有针对性的干预措施会产生巨大的影响,并会带来持久、有意义的变化。

是否要惩罚

我们生活在一个往往通过惩罚来解决学生行为问题的社会。如果一个学生欺凌别人,我们就希望看到这个"欺凌者"因其行为而受到惩罚。然而,有研究表明,惩罚可能并不是最有效的策略(Skiba et al., 2006)。此外,对欺凌他人的青少年采取与惩罚有关的策略(即零容忍、停学、开除)通常也是无效的(Casella, 2003;

Gordon，2001）。因此，显而易见，零容忍策略应该只应用于最严重的攻击性和破坏性行为。在这样的背景下，应该教授参与欺凌的学生改善关系的技能，而不是因这方面技能的缺乏而被排斥和惩罚。

切实可行的个人策略

我们希望，人们对学生应对欺凌行为的能力的本质持现实态度。例如，下面是与一名三年级女生的对话。

> 学生：我在操场上看到过很多欺凌行为。
>
> 斯韦勒博士：都是谁在欺凌别人？
>
> 学生：大多数是五年级的学生，他们在休息时间会去欺凌一年级和二年级的学生。
>
> 斯韦勒博士：当你看到他们欺凌别人时你会怎么做？
>
> 学生：什么也不做。
>
> 斯韦勒博士：为什么呢？
>
> 学生：因为如果我让五年级的学生不要再去欺凌别人了，他们就会反过来欺凌我。
>
> 斯韦勒博士：如果你去告诉老师呢？
>
> 学生：没用的。他们只会说我在打小报告，或者他们会叫我去告诉那些参与欺凌的学生的老师。他们并不真的在乎。

这段对话中最让人关注的地方是，在年纪很小的时候，孩子似乎就知道：(1)他们对欺凌无计可施；(2)大人并不在乎欺凌。当大人告诉孩子"打小报告"不好的时候，基本上就阻断了大人和孩子之间的一种沟通方式。作为成年人，我们希望在处理欺凌行为时帮助学生克服这种无助感和无望感。

个人特征和欺凌

许多卷入欺凌的学生会有一些共性的心理问题（Kaltiala-Heino et al., 2001）。例如，那些因抑郁而苦恼的学生，会有一种无望感或无价值感，进而更容易欺凌他人。受欺凌的学生可能因担心被欺凌而更容易出现焦虑症状（Swearer, Song, et al., 2001）。准确评估这些心理症状是为学生设计有效的个人干预措施的第一步（Merrell, 2001）。学校心理学家受过专业训练，可以评估和解释与欺凌行为相关的各种心理特征。表7-1提供了量表清单，经过训练的专业人员可以通过这些量表评估需要额外干预的方面。通常情况下，通过治疗潜在的问题（如抑郁、焦虑、攻击行为、冲动、认知歪曲和技能缺陷），可以阻止欺凌/受欺凌。

表7-1 评估与欺凌/受欺凌相关的心理问题的量表

问 题	量　　表	适用年龄段	订 购 信 息
抑郁	儿童抑郁量表（Children's Depression Inventory, CDI; Kovacs, 1992）	7～17岁	Multi-Health Systems Inc. *www.mhs.com*

续 表

问题	量表	适用年龄段	订购信息
抑郁	贝克抑郁量表第二版（Beck Depression Inventory-II, BDI-II; Beck, Steer, & Brown, 1996）	13～80 岁	Harcourt Assessment *harcourtassessment.com*
焦虑	儿童青少年多维焦虑量表（Multidimensional Anxiety Scale for Children, MASC; March, 1997）	8～19 岁	Multi-Health Systems Inc. *www.mhs.com*
攻击行为	攻击行为问卷（Aggression Questionnaire, AQ; Buss & Warren, 2000）	9～88 岁	Western Psychological Services *www.wpspublish.com*
注意缺陷多动障碍，冲动	康纳斯行为评定量表修订版（Conners' Rating Scales-Revised, CRS-R; Conners, 1997）	3～17 岁	Multi-Health Systems Inc. *www.mhs.com*
认知歪曲	"我怎么认为"问卷（How I Think Questionnaire, HIT; Barriga, Gibbs, Potter, & Liau, 2001）	12～21 岁	Research Press Publishers *www.researchpress.com*
自我概念	儿童自我知觉量表（Self-Perception Profile for Children; Harter, 1985）	>8 岁	University of Denver, author
社会技能	社会技能评定系统（Social Skills Rating System, SSRS; Gresham & Elliott, 1990）	3～18 岁	Pearson *www.pearsonassessments.com*

续表

问题	量表	适用年龄段	订购信息
行为功能	儿童行为评估系统第二版（Behavior Assessment System for Children, Second Edition，BASC‐2；Reynolds & Kamphaus, 2004）	2～21岁	Pearson www.pearsonassessments.com
欺凌,受欺凌	斯韦勒欺凌调查（Swearer Bully Survey）	三至十二年级	www.targetbully.com
欺凌,打架,受欺凌	伊利诺伊大学厄巴纳‐香槟分校攻击行为量表（UIUC Aggression Scales）	四至十二年级	E-mail：espelage@uiuc.edu
欺凌,受欺凌	雷诺兹学校欺凌受欺凌量表（Reynolds Bully Victimization Scales for Schools）	三至十二年级	PsychCorp www.psychcorp.com

帮助卷入欺凌事件的学生的个人干预措施

任何评估都要用数据来指导实践。在基于数据的决策模型中,我们希望可以利用评估得到的信息帮助制定个人干预措施。此外,了解干预的重点应该在哪里,以及随着时间的推移如何改进干预措施也很重要。也就是说,我们假设,学校心理学家能够准确评估心理健康问题和欺凌现象的心理特征。我们认为,虽然面向全校师生的欺凌预防是有益的,但这种方法并不一定能帮助所有欺凌者、受欺凌者以及兼具欺凌和受欺凌者。许多学生长期受到

第七章
减少欺凌的实用策略

欺凌,而且多年来这种欺凌一直得不到任何注意或干预。要想消除受欺凌者的心理困扰的负面影响,需要针对个人进行干预。如果不进行干预,那么这些学生可能会发展出临床上的抑郁症、焦虑症,甚至在一些极端的情况下,愤怒问题会促使学生从受欺凌者向欺凌者转变,成为兼具欺凌和受欺凌者。许多欺凌者也有严重的心理健康问题,如果不解决,可能导致他们在校外的其他关系中出现犯罪或暴力行为。我们知道,欺凌他人的学生和受欺凌的学生,其长期预后都很差。因此,对这些学生进行个人干预至关重要。

个人咨询和心理教育团体咨询都是抑制抑郁和焦虑,预防自杀想法和尝试,以及提高社会技能、关系技能、自尊和总体幸福感的绝佳方法。经过培训的心理健康从业者使用的技术,同样适用于家长、教师和学校管理人员。什么是临床医生与来访者之间关系的关键因素?很简单,是临床医生与来访者之间充满信任(trust)、真实(authenticity)、真诚(genuineness)、诚实(honesty)和坦率(open)的交流。无论采取哪种干预方式(例如,个人的、心理教育的),这些因素都是良好心理治疗工作的前提。为了创造这些条件,必须与学生直接讨论干预的目标、学生和顾问/心理学家/协调员共同的期望、互动的原则,以及偏离治疗目标产生的后果。在许多方面,欺凌的预防和干预应反映健康关系的组成部分。

一旦建立此基础,减少欺凌/受欺凌的工作就可以开始了。要特别认识到,儿童和青少年的抑郁和焦虑并不像成年人呈现的那样。事实上，这些情绪症状的表现千差万别。因此，成年人最好摒弃自己对抑郁和焦虑的固有观点。更具体地说，抑郁症在一个孩子身上表现为烦躁和愤怒，而在另一个孩子身上表现为悲伤和退缩。儿童和青少年并不总是具有表达自己的感受和想法的认知能力，因此他们需要接受培训以识别和标记各种情绪。为了能够识别和标记情绪，需要先教授儿童和青少年多种情绪类型，同时要以积极的方式使用技术，目前我们已经通过使用即时通信中的情感图标来向学生介绍不同类型的情绪。电影和书籍（见第六章）也可用于识别和标记情绪。然后，要让儿童和青少年每天追踪自己的感受和想法。我们通常会为儿童和青少年提供一张表，并要求他们写下一天中发生的一些特殊事件，这些事件在一定程度上令人心烦或忧虑。接下来要求儿童和青少年书写有关该事件的信息，并指出他们在事件发生时的想法、感受和反应。随着工作的继续，这项任务要逐渐扩展到检查自己的想法和感受的合理性或可行性、挑战任何认知歪曲、尝试不同的情绪和解释。这种认知行为方法的目标是，向儿童和青少年介绍各种情绪，教他们监测和追踪自己的认知，鼓励他们挑战自己的一些消极或歪曲的想法，并使他们认识到自己思考和感受事情的方式与其行为方式有关。

愤怒管理策略也对所有儿童和青少年非常重要。事实上，我们相信所有成年人以及儿童和青少年都将受益于强制性愤怒管理培训课程，这种影响甚至可能持续一生。鉴于愤怒是欺凌行为和

第七章
减少欺凌的实用策略

其他行为问题的重要预测指标(Espelage et al., 2000),我们强烈认为儿童和青少年需要掌握管理愤怒的技能。良好的愤怒管理培训有一些基本规则。首先,阅读这本书的每个人都必须明白愤怒是一种正常情绪,而不是一种异常情绪。其次,愤怒是可以的,但通过欺凌或卑劣手段将愤怒发泄到其他人身上是不可以的。因此,家长和教师不应该因为愤怒而惩罚儿童和青少年;相反,他们应该鼓励儿童和青少年谈论并管理自己的愤怒,而不是被愤怒支配。我们需要尽早对儿童和青少年进行愤怒管理培训。此外,儿童和青少年还会向周围的成年人学习如何管理自己的愤怒。所以,在接触儿童和青少年之前,所有成年人应该先评估自己的愤怒管理技能!

我们不希望传达这样的信息,即儿童和青少年会很快培养愤怒管理技能。这需要时间来反复试验、犯错,以及长期干预。在这个过程中,我们遇到的最大障碍是儿童和青少年会时常表现出攻击性,以对自己的愤怒作出反应,他们甚至并不知道自己在愤怒什么,也不知道是什么引发了自己的愤怒。我们知道,所有人都有某些引发他们愤怒的事情,但大多数人很少会坐下来列出这些事情的清单。作为成年人,什么会使你愤怒?是一个慢性子的司机?是某些不尊重他人的人?你在愤怒之前会感到懊丧吗?成年人只有在理解并谈论自己的愤怒触发因素的前提之下,才能帮助儿童和青少年培养愤怒管理技能。让儿童和青少年追踪他们的日常交流,将有助于揭示他们的愤怒触发因素。

家长和教师也需要警惕观察引发学生愤怒的事件。引发学生愤怒的事件是我们喜欢称之为"可用于教学的时刻"的事件，它可以让成年人实时参与愤怒管理指导。例如，一位教师正在让学生安静地做数学题，她走来走去监控学生进度，指导遇到困难的学生。她注意到数学不太好的大卫遇到了困难，并气得扔出一支铅笔。此时，教师走到大卫身边，询问他的感受。大卫说他很抓狂，因为他并不擅长数学。教师鼓励学生自由谈论情绪，所以她问大卫想如何处理自己的愤怒。大卫不情愿地说，他可以尝试放慢速度，深吸一口气，并寻求帮助。这些可用于教学的时刻可以发生在走廊、食堂、操场、家中和公共场所。我们鼓励成年人成为积极的愤怒管理干预者，要一直培养孩子对情绪的直接表达，在沮丧时要大声说出来，而不是嘲笑他人。

有针对性的个人干预还应包括评估和归因修正。有时，具有攻击性的青少年会产生敌意归因偏差，导致他们误解某些情况（Coie & Dodge, 1998）。举个例子，在拥挤的走廊里，一个男孩不小心踩到另一个男孩的脚，并迅速道歉。这时，如果一个具有攻击性的男孩被踩了，他可能会认为这种行为是故意的，于是不接受道歉，并猛推那个踩到自己脚的男孩。一个不具有攻击性的男孩则更可能接受道歉并走开。因此，解决第一个男孩表现出的敌意归因偏差很重要。之前描述的认知活动是归因训练的基础（即改变学生在某种情况下的归因方式）。

归因训练可以提高学生的毅力，战胜面临的逆境和挑战

第七章
减少欺凌的实用策略

(Forsterling，1985）。欺凌领域的一项研究证实了对欺凌者以及兼具欺凌和受欺凌者进行归因训练的重要性（Kingsbury & Espelage，in press）。简而言之，该研究发现，初中生受欺凌与更强烈的自责归因和随后的抑郁情绪有关。具体来说，那些将受欺凌归因于自身个性或外貌的受欺凌者（以及兼具欺凌和受欺凌者），比那些将受欺凌归因于外部原因（施暴者是错误的）的受欺凌者（以及兼具欺凌和受欺凌者）具有更强的抑郁情绪。这些发现适用于男性和女性，以及拉丁美洲学生、非裔美国学生和欧裔美国学生。根据这些结果，干预计划应侧重于培训受欺凌者以及兼具欺凌和受欺凌者减少自责归因，这样可能使他们选择更具适应性的应对策略。根据归因理论，消极事件发生后，最具适应性的自我评估是内部的、不稳定的和可控制的自我评估，类似于行为上的自责归因，如"我在错误的时间出现在错误的地方"（Graham & Juvonen，1998）。

除了与儿童和青少年一起处理他们的愤怒、抑郁和焦虑，我们认为与儿童和青少年探讨他们对攻击和欺凌的看法也很重要。许多参与欺凌的儿童和青少年发现，他们可以通过高人气和高社会地位获得奖励（Rodkin & Hodges，2003）。事实上，欺凌他人的学生会报告自我感觉良好，那些拥有高社会地位的欺凌他人的学生会被评为受欢迎的、受喜爱的、体格健壮的、吸引人的，而且在身体和关系上都具有攻击性（Vaillancourt，Hymel，& McDougall，2003）。因此，如果欺凌他人会在同龄人和学校中获得权力和成功,我们就会明白为什么欺凌行为难以根除。通常,欺凌者或协助欺凌者很少有机会去探究,他们的欺凌行为会对受欺凌者产生怎样的影响。因此,减少欺凌参与的一个策略是促进儿童和青少年对受欺凌者的共情。这可以通过电影、书籍、创意写作、反思报告、讲故事和绘画等实现。然而,如果儿童和青少年不重视亲社会行为,那么这种共情训练不会有效。成年人应该让学生理解,从长远角度来看,依赖暴力是有问题的。儿童和青少年在电视真人秀、新闻秀、电子游戏和家庭中会受到攻击、暴力和欺凌的信息轰炸,这是社会的一个主要问题。在将注意力转向针对社会生态模型的其他层面(同伴群体、家庭、学校和社区)的干预措施之前,我们先与读者分享一种针对参与欺凌的学生的独特的干预措施。

这种干预措施称为欺凌干预计划(Bullying Intervention Program)(Swearer & Givens, 2006)。它是一种个人认知行为干预措施,适用于欺凌他人的学生,包括本章强调的许多方面。与研究一致,欺凌干预计划基本上基于这样的假设:参与欺凌的学生的社会知觉和认知知觉与他们对攻击性的态度和行为同样重要。学校往往把重点放在行为上,没有解决有助于欺凌发生和维持的社会和认知维度。制定欺凌干预计划是因为我们知道,干预同质群体对具有攻击性的青少年没有帮助,在某些情况下甚至可能是有害的(Dishion, McCord, & Poulin, 1999)。

欺凌干预计划包括学校顾问和学校心理学家,他们与欺凌他人的学生一对一地交谈。欺凌干预计划可作为停学和开除等惩罚措施的替代方案。更具体地说，一位中学校长发现，校内停学、校外停学和开除这些常见做法在减少学校学生的欺凌行为方面是无效的。这位校长向一位大学教授求助，希望作出不同的尝试。这位教授通过提供零容忍政策不能有效遏制攻击行为（Casella，2003）的研究结果，以及开除在减少攻击行为方面同样无效（Gordon，2001）的研究结果，证实了校长的疑虑。

因此，欺凌干预计划成为内布拉斯加州数所中小学惩罚欺凌行为的校内停学的替代方案。与其惩罚欺凌者校内停学，不如向家长建议让学生报名参加欺凌干预计划。自从我们开始写这本书，有25名学生在家长的同意下完成欺凌干预计划。欺凌干预计划要求学生与具有硕士学位的治疗师进行3小时一对一的认知行为干预。它包含三个组成部分：（1）评估；（2）心理教育；（3）反馈。1小时的评估会使用有关欺凌、抑郁、焦虑、认知歪曲、校园风气和自我概念的量表（见表7-1）。随后是2小时的关于欺凌的心理教育，包括定义欺凌、欺凌的后果，以及关于学生为什么欺凌他人的知识。接下来对学生进行测验，以评估他们对呈现的材料的理解程度，然后完成从《欺凌终结者》(*Bully Busters*)（D. A. Newman, Horne, & Bartolomucci, 2000）中选取的几项活动。最后，治疗师和学生共同观看关于欺凌的视频，如《尊重所有人》(*Respect for All*)、《欺凌舞蹈》(*Bully Dance*)或《我们的故事》(*Stories of Us*)。完成上述步骤之后，学生就应该反思自己对材料的理解,治疗师鼓励学生把材料与自己的经历联系起来。最终会生成一份报告,报告中包含评估结果、治疗师对学生在活动中的表现的观察,以及治疗师的建议。这份报告将在学生、家长和一名学校代表组成的会议上分享。

25名参与者都是三至八年级的学生,年龄为8~14岁,主要是欧裔美国人(93%)。在这些学生中,有46.7%的人报告他们欺凌过别人也被别人欺凌过(兼具欺凌和受欺凌者),20%的人报告他们欺凌过别人(欺凌者),13.3%的人报告他们目睹过欺凌事件(旁观者),13.3%的人报告他们被别人欺凌过(受欺凌者),6.7%的人报告他们根本没有参与欺凌行为。虽然,目前还没有实证数据支持欺凌干预计划的效果,但它符合我们的建议,即重点是帮助那些欺凌他人的学生解决与欺凌、欺凌的影响,以及欺凌的社会和认知方面有关的问题。我们乐观地认为,更多学校会选择这种类型的干预项目,而不是继续停学和开除学生,因为停学和开除学生并不会教给学生健康的关系策略。

帮助卷入欺凌事件的学生的同伴干预措施

针对欺凌行为的同伴规范的预防项目非常少。然而,有研究者指出,教师、家长和学校管理者可以通过一些方法来改变同伴影响。要让学生明确地认识到,即使他们中的很多人没有直接欺凌他人,他们也参与了欺凌。也就是说,参与欺凌的学生既可能是其他欺凌者的助手,也可能是面对欺凌不做任何事情或没有帮助受

第七章
减少欺凌的实用策略

欺凌者而直接走开的那些学生。在实施欺凌预防时，我们要让学生确定自己在欺凌中扮演的角色。随着讨论的展开，学生很快就会了解他们的行为是如何在欺凌中发挥作用的。毫不奇怪，学生不会出于许多显而易见的原因而支持受欺凌者，关于这个问题需要与学生直接讨论。学生非常害怕欺凌者将目标转向自己，而且在看到欺凌行为时他们会感到很无助。

考虑到这一现实，学校的成年人应该创造一种氛围，让学生感到干涉是安全的。这有助于成年人确定哪些同伴群体参与了大多数欺凌行为，并试图通过个人干预或与相关人员的父母讨论来解散这些群体。试图与欺凌群体的领头者交流也非常有用，看看他/她是否能够将自己的权力转化成亲社会的方式。学校管理人员和教师应该发挥这些领头者的积极领导作用。例如，在有监督的情况下，可以让这些学生去指导低年级学生，通过这样的互动，学生之间也许可以形成积极的交流方式。

父母通过与孩子谈论他们在欺凌中扮演的角色，也可以削弱同伴影响。我们必须注意到，根据几十年的经验，很少有父母承认他们的孩子是参与欺凌行为的一员。这太天真了，并不会给我们的学校、家庭和社区带来什么变化。研究数据一致表明，尽管许多学生承认自己的行为是错误的，但他们仍然在中小学参与欺凌行为。父母应该鼓励孩子质疑欺凌领头者的态度和行为，他们不仅应该拒绝欺凌，而且要知道这些欺凌行为是如何伤害受欺凌者的。

帮助卷入欺凌事件的学生的家庭干预措施

要想欺凌干预措施产生长期影响，教师和父母需要进行公开对话。父母需要检查他们传递给孩子的关于暴力、攻击和尊重行为的信息。父母是否导致孩子的攻击或不尊重行为？父母是否排斥他人？父母允许孩子玩什么类型的电子游戏？父母允许孩子看哪些类型的电视节目？研究证明，在家庭中目睹暴力与学生参与欺凌存在关系。因此，我们不能忽视这样一个事实：许多欺凌他人的学生生活在充满暴力的家庭中，无论是在父母还是在兄弟姐妹之间，暴力和攻击都被视为一种解决问题的方式。

帮助卷入欺凌事件的学生的学校干预措施

教师也可以做大量工作来控制学校的欺凌行为，至少可以在教室内控制欺凌行为（Holt & Keyes，2004）。首先，教师必须认识到教室是欺凌行为发生频率相对较高的地方，但有时不易察觉，因此并不总能发现欺凌行为。其次，教师需要认识到，他们通常无法确定卷入欺凌的人员。有研究发现，教师在准确识别受欺凌者方面做得很差（Holt & Keyes，2004），并经常会错误识别兼具欺凌和受欺凌者。最后，教师不应该对欺凌问题怀有戒备心，要认识到欺凌发生在大多数班级和学校中。尽管面临这些挑战，我们已经了解到教师该如何最大限度地减少教室内的欺凌行为，从而减少学校的欺凌行为。

教师应与学生合作，确立关于尊重的态度和行为的课堂准则，主要包括：欺凌不是尊重行为的概念；如果学生受欺凌，其他学生要相互支持以帮助受欺凌者；学生和教师要一起努力，让所有学生都能在教室内得到归属感。这些准则通常张贴在教室内，在出现欺凌和同伴冲突时，教师要经常提及这些准则。学生和教师也应该清楚，如果行为不符合准则会怎样。我们也支持召开班会，在班会上可以修订准则，讨论情绪，并培养学生适应性的问题解决策略（Doll, Zucker, & Brehm, 2004）。一旦形成这种氛围，教师就需要选择一种欺凌预防项目，重点关注欺凌是什么、欺凌的影响，以及学生在欺凌中扮演的各种角色。教师还应该通过确定谁具有较高或较低的社会地位，谁被排斥在外，谁被视为领头者，来了解班级的情况。可以让学生组成合作小组，但每节课的小组成员要不一样，以促进学生之间多样化的互动。

帮助卷入欺凌事件的学生的社区和社会干预措施

经过多年的欺凌研究，有时候我们会认为，如果我们能够改变社会，那么也许可以阻止欺凌行为。确实，我们的孩子在一个存在暴力的社会中成长，他们在电影、电视节目和电子游戏中会看到很多不尊重他人的行为。当我们回顾暴力电子游戏对攻击行为的影响的研究时，我们发现确实需要做些什么来帮助孩子。安德森和布什曼（Anderson & Bushman, 2001）通过对实证研究进行元分析发现，玩暴力电子游戏与增加的攻击行为、想法和情感有关，与提高的生理唤醒水平有关，与减少的亲社会（帮助）行为有关。因此，成年人必须规范和限制电子游戏的使用，并与儿童和青少年开诚布公地讨论有关电子游戏的实际情况。

  我们还认为，社区需要与学校、家长和其他组织一起，制定预防欺凌的议程。由美国卫生与公众服务部门提供支持和维护的全国反欺凌运动网站（*www.stopbullyingnow.hrsa.gov*），是社区和学校开展反欺凌活动的绝佳资源。这项名为"立即停止欺凌！表明立场，伸出援手"（*Stop Bullying Now! Take a Stand, Lend a Hand*）的运动，为学校和管理人员提供了有关欺凌预防和干预的最佳做法的信息。社区组织和学校可以直接到网站下载公共服务的公告，并把它们张贴到简报或杂志上，也可以订购电视和电台广告。此外，还可以复印海报并把它们放置在公共场所，以宣传社区支持的欺凌预防活动。

结论和建议

  虽然我们了解学校面临巨大压力，但我们希望学校工作人员和相关方能够考虑到基于惩罚的策略对减少欺凌行为没有效果这一事实。个人评估和干预是有效的欺凌预防和干预的重要组成部分。事实上，当数据显示学校欺凌预防和干预项目产生的效果不显著（Smith, Schneider, Smith, & Ananiadou, 2004）或仅有适度积极效果时（Merrell, Gueldner, Ross, & Isava, 2008），我们会督促学校工作人员仔细审查反欺凌政策和做法。提供个人支持、重组同伴群体、建立家校合作关系（Cowan，Swearer，& Sheridan，2004）、建立学校—社区合作关系（Cowan & Swearer，2004）和建立健康的社会关系，这些都有可能将欺凌现象从我们的学校和社区中根除。

案 例

希莉娅———个简单的解决办法

当一名学生报告一起学校教师或管理人员并未亲眼所见的欺凌事件时，通常会遇到困难。一些学校的工作人员告诉我们，他们的学校有一项"如果我没有看到它，我就无能为力！"（If I don't see it, there's nothing I can do about it!）的政策，这项政策会助长和支持欺凌行为。当然，那些欺凌别人的学生在大人的监管下也不会那样去做！最近，在高中课堂上发生的一件事体现了这一点。希莉娅是一名略微超重的学生，她有轻度的发育迟缓。通过努力学习，她在学校表现得很出色，并在所有常规教育课程中和其他学生表现得一样。虽然取得了良好的学业进展，但她在社交上有困难。她并不总能意识到其他学生对她的取笑，在班上这种取笑和辱骂正在升级。坐在希莉娅两边的女孩，每天都会在课堂上低声讲有损希莉娅名誉的坏话，她们会问希莉娅关于她的性生活的问题和其他一些不恰当的问题，以令希莉娅难堪。考虑到评论的性质，希莉娅并不愿意去找老师。

希莉娅与她的母亲关系非常密切，她不情愿地与母亲分享了自己的情况。希莉娅的母亲打电话给老师,告诉他教室里发生了什么事。希莉娅的母亲要求换位子,但老师说他不能这么做,因为他并没有听到学生说任何不恰当的言论。但是,老师最终还是安排希莉娅坐到教室前面。然而,希莉娅认为这是在惩罚她,而且很难理解她为什么会陷入麻烦。

对希莉娅的案例的思考

在与校长和希莉娅的母亲会面后,老师找那两名女孩谈话,并告诉她们换座位。他说自己无意中听到了一些负面评论,这样一来她们就不会责怪希莉娅让她们陷入麻烦。这个简单的举动解决了欺凌问题,因为她们无法接近希莉娅,而且被告知大人听到了这些评论,正在看着她们。

后续问题

1. 作为一个成年人,你是否为学生创造了和你自由交谈的环境?你是否会对学生说"这是在打小报告"或"我什么也没看到,所以我什么都做不了"来搪塞他们?你如何帮助学生解决困难?

2. 自我感觉不好的学生更容易受欺凌。你的学校有哪些策略可以帮助学生找到自己的优势?

3. 在前面的案例中,欺凌他人的女孩因换了座位以及被告知大人正在看着她们而停止了欺凌。成年人应该创造能减少欺凌的环境。你会怎样降低欺凌发生的可能性？

4. 希莉娅的母亲花了很多时间与老师和校长沟通。如果希莉娅的母亲没有足够的时间或者没把这件事放在心上，那会怎么样？在你的学校中谁负责帮助没有家庭支持的学生？

第八章
科技对人际关系的影响

变化的世界

电脑、手机、即时通信、音乐播放器和电子游戏在儿童和青少年的生活中很常见。当我们还是孩子的时候,就像本书的许多读者一样,会在外面玩几个小时,并参与许多不需要通过科技就能完成的创造性活动。我们建造自行车坡道和树堡,与邻居小伙伴一起创造属于我们的整个"世界"。在夏天,我们要到太阳快落山时才回家。现在的孩子还在外面玩耍,用他们的想象力来填补漫长的夏日吗?现在的父母非常担心孩子的安全,以至于他们的孩子只能参与规划好的、受到高度监督的活动吗?抑或孩子只能听音乐、玩电子游戏或与网友聊天?

现在,美国几乎家家都有电脑。根据帕克斯公司 2007 年的国家技术审查(National Technology Scan),大约 71% 的美国家庭可以上网。一项研究发现,2~17 岁的孩子中有 77% 的孩子会上网,这比其他任何年龄段都要多。接受调查的家庭中有近一半(49%)的家庭报告,至少有一个孩子经常使用网络,当步入青春期时,四个孩子中有三个孩子会经常上网(National School Boards Foundation，n.d.)。皮尤互联网(Pew Internet)(2005b)报告,目前87％的美国青少年(12～17岁)在使用互联网,即2 100万青少年在使用互联网。其中,约有1 100万青少年每天都上网。

他们上网做什么呢？一份普查报告显示,儿童和青少年(3～17岁)在家中上网,最常见的是玩在线游戏,其次是做家庭作业(U.S. Census Bureau News，2005)。最流行的在线游戏类型涉及冷知识和谜语。此外,越来越多的互联网青少年用户被吸引到类似"脸书"(Facebook)和"我的空间"(MySpace)等线上社交网络平台上。这两者都是社交网站,即提供朋友、个人档案、博客、照片和音乐的一个互动网络平台。"我的空间"用音乐产业作为吸引手段,为粉丝、艺术家和音乐家提供相互交流的机会。"脸书"被认为是一个更安全的网络社区,并已成为在美国发布照片的头号网站,每天上传超过850万张照片。

据统计,"我的空间"拥有超过7 000万活跃用户(Mashable，2007)。福雷斯特研究公司的一份报告(2006)显示,在年龄为12～17岁的青少年中,近80％的青少年至少每周使用一次"我的空间"。"脸书"的用户群并没有那么庞大,只有超过3 000万会员,但会员数量正在快速增长。在过去的一年中,18岁以下的青少年"脸书"会员人数增加了250％,而"我的空间"会员人数减少了30％(Mashable，2007)。"脸书"会员人数的增加可能是由于开发人员在2006年9月将会员范围扩展到大学生之外的群体。"我的空间"的用户显然正在变老,有报告称,2005 年 8 月,青少年占其用户的 25%,但目前仅占 12%(Mashable,2007)。本章会向家长、教师和学校管理人员提供有关监控青少年"我的空间"和"脸书"账号的信息。

即时通信也是青少年在线交流的一种流行形式。皮尤互联网和美国生活项目(American Life Project)(2008)的研究报告称,尽管青少年仍在使用电子邮件,但首选的通信方式还是即时通信。该研究表明,年龄为 12～17 岁的青少年中有 75% 的人使用即时通信。其中,48% 的人报告几乎每天都使用。这项研究还发现,青少年通过即时通信发送的不仅仅是文本;使用即时通信的人中有 50% 的人发送文章或网站的链接,有 45% 的人发送照片或文档。

虽然互联网已经成为青少年联系的热门手段,但手机仍然是令人垂涎的媒介。一项追踪调查(Mobiledia,2005)发现,接受调查的青少年中有一半的人表示他们宁愿被禁止看电视,也不想被限制使用手机,27% 的人表示他们宁愿被禁止上网或使用音乐播放器,也不想手机被拿走。据美国移动运营商报告,大约 60% 的美国青少年拥有一部手机,而且平均每天花费 1 小时在手机上,与他们花在家庭作业上的时间相同(CMCH Mentors for Parents and Teachers,2007)。大多数青少年在 15 岁时获得了他们的第一部手机,也有许多青少年在 13 岁时拥有手机(CMCH Mentors for Parents and Teachers,2007)。手机公司正在向更年幼的儿童推销简单实用、色彩鲜艳的适合儿童使用的手机。根据扬基集团

(Yankee Group)公司进行的市场调查,在未来 3 年内,54％的 8～12 岁的儿童将拥有自己的手机。事实上,2005 年以来,华特迪士尼(Walt Disney)公司就一直在向这个年龄段的儿童推销以迪士尼为主题的手机(*Washingtonpost.com*,2005)。

手机使用的最新热点是短信。根据高德纳公司的一项研究(Gartner,2006),2005 年全美国共发送了 9 360 亿条短信。高德纳公司预测,到 2010 年,这一数字将达到 2.3 万亿。有趣的是,增长速度最快的发送短信的群体是年龄为 45～64 岁的成年人。2006 年,在辛格勒无线公司(Cingular Wireless)进行的一项调查中,近 50％的家长报告孩子教他们如何发短信,63％的家长报告学会发短信改善了与孩子的沟通。根据辛格勒无线公司(2006)和临床心理学家彼得斯(Ruth Peters)发布的短信教程,短信是"用信息武装自己,同时提高你在孩子眼中的尊严"的一种方式。世纪理事会——一个致力于预防未成年人饮酒和驾车的组织,利用青少年更喜欢的交流方式,鼓励父母在毕业舞会之夜使用短信提醒孩子作出明智决定(Century Council,2007)。

科技的消极面

一般来说,许多人都会同意互联网以多种积极的方式改变了世界。互联网允许个人与在各地的家人和朋友保持联系。与健康相关的网站允许用户获取信息并就一系列情况寻求帮助,这些情况的范围可以从判断抑郁症状,到为注意缺陷多动障碍儿童的父母提供帮助。在某些情况下，儿童、青少年和成年人也会通过网站和虚拟世界寻找他们最初的支持资源。尽管不涉及面对面的互动，但这些环境在许多方面都具有社会性。因此，这些社会环境不能免受来自学校、工作场所、家庭和邻居的各种负面互动的影响。实际上，互联网的过度使用带来的最令人不安的结果可能是，儿童和青少年无法学到足够的社交技能，这些环境不一定会为儿童和青少年提供学习如何处理人际关系的机会。

在讨论关于科技与攻击行为的交叉研究之前，我们有必要澄清在流行媒体中经常出现的术语：网络欺凌（cyberbullying）（Kowalski，Limber，& Agatston，2008）。网络欺凌包括多种类型的网络攻击行为，在文献和大众媒体中还会用到以下同义词："ebullying""electronic bullying""cyberviolence""digital bullying""electronic harassment""online harassment"，等等。伊巴拉和米切尔（Ybarra & Mitchell，2004b）将网络欺凌定义为："在网络上对他人实施的有意的和公开的攻击行为。"

网络欺凌逐渐引起关注主要是由于它导致一名年轻女孩自杀。2008年5月15日星期四，一位来自圣路易斯郊区的母亲指认洛里·德鲁是涉嫌肇事者。这位母亲称，她帮助女儿创建了一个虚拟的"我的空间"个人账号。她称女儿——13岁的梅根·迈耶的一个朋友犯了罪。梅根一直在和一个对她感兴趣的男孩洛里·德鲁聊天。2006年10月，梅根在收到洛里·德鲁残忍、伤人的信息之后上吊自杀，据称当时洛里·德鲁假称自己为"乔什"。

这个故事、杰西·哈费尔的故事,以及其他无数故事唤醒我们所有人,任何形式的欺凌行为都可能会带来灾难性的后果。

为此,本章在讨论科技对人际关系的不利影响时,会使用"互联网攻击"(也称"网络攻击",Internet aggression)和"性引诱"(sexual solicitation)这两个术语。互联网攻击和性引诱正在引起父母、教师、儿童和青少年的极大关注。互联网攻击类似于面对面攻击,可以分为四种类型:言语攻击、情感攻击、威胁攻击和社交攻击。例如,互联网攻击包括网络谣言、粗鲁行为或骚扰行为。研究发现,11~19岁的青少年中有10%~33%的人是网络攻击/欺凌的目标(Finn,2004;Patchin & Hinduja,2006),而且超过15%的青少年报告自己是实施这类行为的人(Patchin & Hinduja,2006)。此外,有15%的青少年报告,在这一年中他们成为网上性引诱的目标,包括被要求谈论性、做出性暗示的动作,或提供违背青少年意愿的个人性信息(Ybarra & Mitchell,2004a)。

谁卷入了网络欺凌

与学校的攻击和欺凌相比,有关互联网攻击和性引诱的研究还处于起步阶段。因此,关于涉事儿童和青少年的特点,以及他们在性别、种族、年龄和其他特征方面的差异仍存在许多问题。伊巴拉和米切尔(Ybarra & Mitchell,2004a)发现,互联网攻击的实施者更可能是年龄较大的青少年,而且年轻男性和女性参与互联网攻击的比率相同。一些调查表明,女性比男性更可能成为欺凌者

(Willard,2007)。然而,李(2006)的一项研究发现,男性比女性更容易成为欺凌者。很显然,这种差异实际上是由对互联网攻击的构成缺乏共识,使用不同的数据收集方法,以及网络调查存在固有抽样偏差造成的。

很少有研究探讨种族如何在网络攻击中产生影响。尽管跨越种族群体的互联网使用总体上差别很小,但似乎40%的博客使用者都是非白人(Pew Internet,2005a)。泰纳斯、雷诺兹和格林菲尔德(Tynes,Reynolds,& Greenfield,2004)探讨了青少年网络聊天室中种族评论的发生率。他们认为,对种族的仇恨评论似乎在这些聊天室中非常普遍,而且在不受监控的网站中更常见,其中白人和其他种族的人遭受同样多的仇恨评论。可以看出,关于种族如何在网络攻击方面产生影响能说的并不多,关于种族、性别、阶层和性取向之间的相互作用能说的更少,除非开展更多研究。

伊巴拉及其同事在描绘互联网攻击的欺凌者方面处于领先地位(Ybarra,2004;Ybarra & Mitchell,2004a,2004b)。互联网在网络攻击者的生活中占据中心位置。伊巴拉和米切尔(Ybarra & Mitchell,2004a)报告,与非攻击性的互联网用户相比,网络攻击者更有可能每周频繁地访问互联网。网络攻击者报告,他们在互联网上花费的时间非常有意义,父母对他们的监督很少,他们认为自己是网络专家。例如,一个青少年告诉我们,她有自己的网页,有一次有人假装是她,写了一堆关于其他人的东西。这件事的发生需要对如何操纵网站访问有所了解。威拉德(Willard,2007)也帮助我们理解可能成为网络攻击者的预测因素，她发现网络攻击者的网络技能非常高超（Willard，2007）。与非攻击性的网络青少年相比，网络攻击者似乎也大多是学校身体层面的欺凌受害者（Ybarra & Mitchell，2004b）。当网络攻击者被问及他们为何参与此类行为时，他们的回答反映了在学校研究中发现的内容。大约50%的网络攻击者表示他们"为了娱乐"而这样做，20%的网络攻击者为了给对方一点教训（Patchin & Hinduja，2006）。

与互联网攻击的目标群体有关的信息很多。根据2006年发布的皮尤互联网和美国生活项目报告，三分之一的学生称，他们是散布个人信息、网络谣言或威胁交流的受害目标群体。伊巴拉（Ybarra，2004）发现，受害目标群体报告使用互联网主要是为了交流而不是出于其他目的，而且看来创建了自己的网页的青少年受欺凌的风险更大（Pew Internet & American Life Project，2008）。与网络欺凌的研究相似，在一些研究中，男性和女性成为网络受欺凌者的比率相同（Ybarra，2004），其他一些研究则发现女性是更常见的受欺凌目标群体（Pew Internet & American Life Project，2008）。要想真正了解性别如何影响网络欺凌，需要对网络行为进行额外的、可靠的实证调查。例如，可以考虑青少年使用互联网的时间，以及使用时间如何增加他们遭受网络欺凌的风险。伊巴拉（Ybarra，2004）报告，互联网使用时间的增加与女性受欺凌概率的提高有关，但对男性没有影响。此外，网络受欺凌者更有可能正在应对自己临床水平的抑郁（Finkelhor，Mitchell，& Wolak，2000）。

在学校受欺凌的经历与网络欺凌和犯罪有关。更具体地说，在学校成为欺凌目标的青少年更有可能通过互联网参与网络攻击行为（Ybarra, Espelage, & Mitchell, 2007; Ybarra & Mitchell, 2004b; Ybarra, Mitchell, Wolak, & Finkelhor, 2006）。比如，美国校园枪击案的实施者大多是兼具欺凌和受欺凌的青少年（Vossekuil et al., 2002），学校的受欺凌者似乎会通过在网络上欺凌他人来寻求报复，因为他们不被允许在学校实施报复。另外，威拉德（Willard, 2007）证明，当遭到网络欺凌的群体认出欺凌他们的人时，他们会在学校报复这些人。威拉德（Willard, 2007）称，这种报复形式往往是身体攻击。

欺凌者和受欺凌者并不是学校内的静态角色，许多儿童和青少年同时扮演不同角色或在不同角色之间转换（Love, Swearer, Lieske, Siebecker, & Givens, 2005）。我们在第一章讨论了这个问题，角色之间的这种转换同样适用于使用互联网的青少年。青少年似乎扮演多重角色，包括同时成为欺凌者和受欺凌者（Ybarra, 2004）。与有关学校兼具欺凌和受欺凌者的研究文献的结果非常相似，兼具网络欺凌和受欺凌者的心理健康状况非常差，他们比没有扮演或只扮演其中一种角色的青少年有更高的药物使用率、更低的学校认可水平和更高的抑郁水平（Ybarra & Mitchell, 2004a, 2004b），他们也倾向于比其他青少年群体更频繁地使用互联网，并报告父母不会经常监控他们上网（Ybarra & Mitchell, 2004a）。男性和女性成为兼具网络欺凌和受欺凌者的比率相同,但不管是男性还是女性,他们大多是年龄较大的青少年(Ybarra & Mitchell, 2004a)。伊巴拉等人的一项研究(Ybarra et al., 2007)发现,青少年参与网络攻击行为与网络性引诱之间存在显著相关。这项研究还表明,网络攻击行为与学校人际关系方面的、身体方面的和性方面的高水平的攻击存在显著相关。

网络欺凌者和受欺凌者相互认识吗

面对面的欺凌和攻击可以看出谁参与了。一些网络攻击也会涉及直接的评论,包括明确地将骚扰信息从一个人发送到另一个身份已知的人。此外,有时还会有特定的攻击性评论以网络消息的形式发送或发布到网络平台上。最近,有一种新的网络调查,它可以通过调查青少年的行为(例如,性行为、吸引力水平)来诋毁个人,而且在某些情况下,会用修图工具修改青少年的照片,以此让受害者感到羞辱或尴尬。尽管存在这些类型的网络攻击,但大多数网络攻击是匿名的、保密的,当事人会使用虚拟身份和无法识别的电子邮件地址、网站和昵称。鉴于这些特征,很少有受欺凌者知道是谁在欺凌他们,这并不令人惊讶。令人惊讶的是,大多数实施网络欺凌的人通常都知道他们的目标群体是谁(Ybarra, 2004; Ybarra & Mitchell, 2004a, 2004b)。

网络攻击是否像校园欺凌一样反映了群体过程

近年来,许多研究都支持这样一个事实,即校园欺凌往往是由一群学生实施的,学生彼此影响然后欺凌同伴(见第三章)。我们知道,欺凌他人的学生有很高的道德推脱水平(Hymel, Rocke-Henderson, & Bonanno, 2005),对参与网络欺凌的学生来说,这种推脱能力可能更强,因为科技可以让欺凌者隐匿。威拉德(Willard, 2007)认识到,了解青少年在多大程度上会汇聚在一台电脑前,对其他青少年进行网络攻击很重要。她认为,某些形式的网络攻击有点类似于"骚扰电话"。目前,尚不清楚这种情况在美国青少年中发生的频率。但是,建议父母将电脑放置在家庭的公共区域内,以防止发生此类群体攻击。更直接地说,我们建议父母不要把电脑放在孩子的卧室。

卷入网络攻击有什么影响

研究一致表明,无论是作为欺凌者还是受欺凌者,大多数使用互联网的青少年并不经常卷入网络攻击或性引诱。然而,如果卷入其中,则会有很大的社会心理成本。例如,在受欺凌者以及兼具欺凌和受欺凌者中,大约有三分之一的青少年报告对这些经历感到非常沮丧(Ybarra et al., 2006, 2007)。网络攻击有可能引起痛苦和广泛的公众羞辱(Strom & Strom, 2005),因此网络攻击会对个人产生负面影响。对参与者而言,他们可能会面临许多社会心理问题,包括物质滥用,卷入线下关系的、身体的和性的欺凌,结交不良同伴,愤怒情绪高涨,与照顾者的情感联系不佳等(Ybarra, 2004),对于既是欺凌者又是互联网攻击和性引诱受欺凌者的青少年尤其如此(Ybarra et al., 2007)。青少年健康专业人员意识到,卷入欺凌的青少年已成为需要治疗或立即转诊的一个特别重要的群体。

当孩子遭受利用科技进行的攻击时,他们会做什么

最近,我们花了很多时间与孩子谈论他们在遇到互联网和手机攻击时所做的事情。他们认为,以科技为基础的攻击比学校的攻击更为严重。一般来说,孩子认为,互联网欺凌者是懦夫,因为他们没有勇气直接面对受欺凌者。

孩子有简单而独特的方式来应对互联网攻击。例如,一个女孩告诉我们,她收到来自不认识的人的威胁信息。她没有感到沮丧,而是把自己的一个朋友也加进聊天中,随后这场攻击便停止了。学生也在阻止欺凌者。一名学生表示,当她收到威胁信息和其他辱骂性短信时,她只是让母亲帮她换掉手机号码。当一名8岁的孩子被问及如何处理互联网攻击时,他说他会关掉电脑。一名12岁的女孩说,在聊天室内有人曾问她一些性方面的问题,这使她感到非常不舒服,于是她便立即把这件事情告诉了聊天室内的其他人,之后那个骚扰她的人就再也没有回到聊天室。

成年人可以做什么

有个好消息是,许多孩子告诉我们,他们觉得告诉父母网上发生的事情并没有什么关系。然而,基于科技的攻击行为似乎并未因此消失。有一些干预措施很简单。父母、教师和管理人员可以

与孩子讨论如何正确使用科技。父母不应该给孩子购买手机,除非孩子知道如何正确使用手机以及参与网络攻击的后果。正如本章开头所述,青少年担心他们的电脑、手机或音乐播放器会被拿走,他们应该明白拥有这些东西是一种特权。

此外,成年人需要了解网络世界中发生的事情。我们建议父母、教师和管理人员花些时间了解孩子访问的网站。父母应该成为孩子社交网络上的朋友,可以访问孩子的"我的空间"和电子邮箱。我们重申,家中的电脑应放置于儿童卧室之外。当然,孩子需要安静的区域完成学校作业,但这可以在书房完成,父母可以随机监控。"我的空间"为父母提供了《了解孩子如何使用"我的空间"的父母和家庭官方指南》(2007a)。该指南向成年人介绍了"我的空间"并指导如何:(1)创建账号;(2)联系"我的空间";(3)查看孩子的个人资料;(4)以父母身份使用"我的空间";(5)线上保护他们的孩子;(6)删除虚假个人资料;(7)删除孩子的个人资料。此外,还提供有关网络欺凌的信息。"我的空间"还在《学校负责人了解"我的空间"和解决社交网络问题的指南》(2007b)中,为学校管理人员提供了类似的信息。"脸书"则在网站上为父母提供了有关如何管理孩子的个人资料的信息。

在学校参与这方面,许多学校制定了只允许学生在上学前和放学后使用手机的政策。父母觉得他们的孩子有手机很重要,但是如果在没有手机的情况下,孩子也是安全的,父母就放心了。学生没有理由在上课时间使用手机,在上课时间使用手机会破坏和干扰学习。除此之外，父母需要参加一些科技更新的研讨会，因为随着父母控制的产生，旨在规避这种控制的软件也会很快被设计出来。父母也应该知道他们的孩子在电脑上花费的时间。更具体地说，如果孩子在朋友家待了很长时间，那么父母应该向对方父母告知需要监控电脑使用的事情。

学校管理者需要培训教师，使其了解科技以及这些科技如何用于亲社会动机和非正常动机。教师可以尽可能地将互联网攻击纳入课程。学生需要成为互联网和科技的负责任的、聪明的消费者。此外，还要清楚网上发布的任何内容都具有持久性，但不一定是准确的。学生需要知道人们可以从手机运营商那里获得他们的短信内容，而且在大多数情况下，在网络上发布的任何内容都可以追溯到 IP 地址，进而追溯到他们的电脑。

结论和建议

当掌握科技知识时，父母等成年人就可以干预网络攻击。然而，正如梅根·迈耶所说，成年人自己也无法免于卷入网络攻击。显然，需要传播更多关于网络攻击的有害影响的知识（参见图 8-1，介绍读书俱乐部活动以增进对网络欺凌的了解）。学校工作人员必须与学生及其父母就科技和网络攻击进行持续讨论，父母需要监控孩子的手机和电脑使用情况。正如大多数父母不允许孩子在无人监督的情况下在街上闲逛，父母也不应该允许孩子在无人监督的情况下漫游网络空间。

读书俱乐部是学校工作人员、家长和学生阅读有关某个主题的书籍,然后讨论书中提出的问题的好地方。为了提高对网络欺凌的认识,我们建议建立一个《网络欺凌:数字时代的欺凌》的读书俱乐部(*Cyber Bullying: Bullying in the Digital Age*, by Robin Kowalski, Susan Limber, and Patricia Agatston. Malden, MA: Blackwell Publishing)。

 第一步:创建一个8~10人的读书俱乐部

第二步:读《网络欺凌:数字时代的欺凌》这本书

第三步:将以下问题作为指南讨论该书

1. 什么是网络欺凌?
2. 网络欺凌有哪些形式?
3. 为什么孩子不讲述他们经历的欺凌事件?
4. 你如何追踪邮件和短信?
5. 在阻止网络欺凌方面学校起什么作用?
6. 受欺凌者有哪些合法的选择?
7. 当成年人和学生目睹网络欺凌时应该做什么?
8. 你们学校的政策包括网络欺凌吗?
9. 你们学校有负责培训科技的工作人员吗?
10. 哪些法律和政策适用于你们所在的州和学区?

图 8-1 读书俱乐部活动

注:Copyright by The Guilford Press. 本图复印件仅供本书购买者使用(Swearer, Espelage, & Napolitano, 2009, 详情请见版权页)。

第八章
科技对人际关系的影响

案例

路 易 斯

路易斯一直在努力摆脱社交和同伴关系的困扰。他常常感到与同龄人脱节,但他渴望成为同龄人中的一员。虽然在社交上有困难,但他是一位天才运动员。他将大部分精力和时间都放在棒球上,这是一个使他感到非常舒适和成功的领域。

在棒球界,人人都知道路易斯。刚上高中时,他觉得自己似乎终于找到了一群也是棒球运动员的好朋友,他开始在这些同伴身上花费越来越多的时间。起初,他的父母很高兴,松了一口气,他们一直希望路易斯找到自己的人际圈。然而,路易斯想要融入群体并拥有朋友的愿望使他更容易成为受欺凌者。他努力融入群体,希望被接受,以至于忽略了这群人对他不友好的许多迹象。他们从不易察觉的贬低开始,经常开路易斯的玩笑。这种情况逐渐升级为群体性的,更加明目张胆地在公开场合对他发表负面言论。路易斯不敢反抗,因为他不想失去"朋友"。他开始做这群人要求他做的任何事,包括骗自己的父母。

当路易斯试图反悔时,他的同伴是拒绝的,并变得更加具有控制欲。他们让路易斯分享"我的空间"的密码,这导致情况变得更加失控。路易斯一把密码分享给他们,这群人便在他的主页上张贴裸体男人的照片。他们改了路易斯的密码,以致他再也无法访问自己的主页了,路易斯自己却没有意识到这种情况。其中一个男孩得到了路易斯的通讯录并给所有人发送了电子邮件,称路易斯想跟他们约会，因为他是同性恋者。

当路易斯和父母意识到这件事情的严重程度时，他们非常纠结。路易斯变得越来越沮丧和退缩。他的父母考虑采取法律措施、转校，甚至搬家。在作出决定之前，路易斯的父亲决定给所有男孩的父母打电话，他想告诉这些男孩的父母发生了什么事情，而且希望他们的孩子不要再与路易斯联系了。

这些男孩的父母给出了各种反应。被怀疑是网络攻击的主要煽动者的男孩的父母显得非常抵触，他们说："孩子们只是在开玩笑。"路易斯的父亲发现，其他男孩的父母表现得非常震惊，感觉好像自己的孩子才是被迫跟随领头者的那个人。

情况稳定下来后，路易斯决定继续留在学校和棒球队，他不想逃避这种情况。路易斯很幸运能拥有一个强大而富有支持力的家庭。在情况失控之前，他还与心理医生建立了联系。他与心理医生和父母公开谈过，这对他帮助很大。

路易斯在遇到他的老朋友时仍然会感到焦虑，但他因为这种经历而成为一个更坚强的人。他们偶尔会说话，有时路易斯会想再次尝试跟他们交朋友。但是，他意识到这不符合他的最佳利益。他仍在寻找一群好朋友，但他知道即使找不到那个人或那群人，他也会没事。

后续问题

1. 儿童和青少年经常觉得他们的"好朋友"永远不会伤害他

们，青少年透露自己的"我的空间"或"脸书"密码的现象很普遍。你的学校是否告诉学生共享密码的危险？作为父母，你是否经常与孩子谈论互联网安全？

2. 有一种流行的小学生电脑游戏"WebKinz"，它使孩子能够参与网络社交。小学教师和小学生的父母应如何与孩子谈论互联网？"WebKinz"是一个有趣的、安全的电脑程序和游戏。这会不会让孩子认为"我的空间"和"脸书"同样很有趣和安全呢？

3. 孩子的电脑放置在哪里？我们总是告诉父母，"永远不要把电脑放置在孩子的房间里"。随着无线互联网和笔记本电脑的普及，互联网访问变得前所未有地轻松。你如何保护孩子免受网络欺凌？你和学生谈论过网络的危害吗？

4. 本章开头说到，当我们还是孩子的时候，我们会出去玩，而现在父母不会让孩子自由地在附近闲逛。但是，父母会让孩子打开"我的空间"和"脸书"，并允许他们自由上网。这不是和让孩子在街上闲逛一样（或更糟）吗？

第九章

评估你的努力

我们在第一章讨论过关于欺凌/受欺凌的几个错误观念,本章会把这些错误观念转换成欺凌/受欺凌的正确观念。随后,我们会提出一个非常有用的案例,在这个案例中,学校管理者和工作人员使用基于数据的决策模型来减少校园欺凌。本章的目的是帮助读者思考如何评估、预防和有效干预欺凌事件并改变校园风气。

我们希望自己已经解释并证明欺凌在学龄青少年中的复杂程度。如本书所述,我们需要承认关于欺凌/受欺凌的八个事实:

1. 欺凌/受欺凌涉及重复的、卑劣的、攻击性的行为。

2. 所有形式的欺凌/受欺凌都是有害的。

3. 如果环境支持欺凌行为,那么所有人都有可能卷入欺凌/受欺凌。

4. 反欺凌政策是创造阻止欺凌/受欺凌的环境的重要基础。

5. 欺凌/受欺凌不是发展阶段的正常组成部分。

6. 当个人选择不参与欺凌行为时,欺凌/受欺凌便可停止。

7. 有效的欺凌预防和干预措施可以像形成健康的社会关系一

样简单。

8. 欺凌预防和干预的评估是一种持久的努力,可以把它融入学校课程。

不再允许欺凌!

为了回答"允许欺凌/受欺凌发生的条件是什么"这个基本问题,首先需要收集数据。正如第六章所讨论的,每所学校都应该建立一个反欺凌委员会或健康校园风气委员会,委员会成员可以确定他们想要回答的问题。第二章提供了一系列措施,可用于评估可能导致欺凌/受欺凌的社会生态因素。一旦选择了评估量表,学校的所有学生和工作人员应该都有机会匿名回答。通过这种方式,学校工作人员将获得可用于评估学校欺凌/受欺凌范围的数据,以及支持这些行为的条件。表9-1提供了一份评估指南清单,可用来在学校营造基于数据作出决策的风气。此外,本章还提供了一个示例,以说明如何将这种基于数据的决策付诸实践,并附有某中学欺凌预防和干预项目的PPT演示文稿示例(附录9-1)。

表9-1 欺凌评估指南

任 务	时间线和策略
1. 建立一个反欺凌评估团队。团队应包括管理人员、教职工、家长和学生。所有利益相关者都应该有发言权。	每个秋季学期开始前的夏天。理想情况下,团队应该包括那些想要加入团队的人(而不是违背自己意愿的人)。

续 表

任 务	时间线和策略
2. 会面并集体讨论想要评估的问题（如"我们学校欺凌的范围是怎样的""欺凌者的特征是怎样的""学生是否觉得被教师欺凌""教师是否觉得被学生欺凌"等）。	初秋。生成问题列表并向学区评估部门（如果有的话）或关键利益相关者上报。
3. 研究不同的评估策略，选择最适合你的学校，以及能为你的问题提供答案的评估策略。	初秋。让数学和/或统计学教师加入这一讨论。考虑与大学研究人员合作，以便收集可用的数据。
4. 决定何时是收集数据的最佳时间。确保数据收集与假期、学校活动和考试不冲突。	在感恩节前的秋末或春季学期开始收集数据。最好在固定的同伴群体形成后再收集数据。
5. 决定是网上收集数据还是通过纸笔收集数据。	团队成员需要考虑学校的资源，以确定收集数据的最佳方式。
6. 考虑与当地企业（如教育合作伙伴）洽谈，以获得数据收集的资金支持。	学校管理人员可以在夏季开始这一行动，从而为即将到来的学年建立合作伙伴关系。
7. 每年收集数据的时间一致。当学生和教师知道将要收集数据时，他们会期待这个过程并接受结果。一名学生在欺凌调查中写道："非常感谢你每年询问我的意见。这对我来说意义重大。"	每年的秋末或早春。时间上的一致性是创造并维持基于数据作出决策的环境的关键。
8. 使用在线调查程序输入数据。如 Survey Monkey（*www.surveymonkey.com*）、SPSS（*www.spss.com*）或 Excel（Microsoft Office）。	一旦从你所在学校的所有或大多数学生的代表性样本中完成数据收集，请制定数据输入的计划。可以与大学研究人员、你所在学区的评估办公室、数学和统计学教师合作。

续　表

任　　务	时间线和策略
9. 分析数据并制作 PPT 演示文稿,从而向学生、教师、家长和管理人员呈现数据。	使用附录 9-1 中提供的示例作为指南。
10. 根据数据提出欺凌预防和干预策略。	最有力的欺凌预防和干预策略均来自对自己收集到的数据的研究和使用,这会带来持久的变化。
11. 每年重复一次,从而创造基于数据作出决策的环境。	应该每年重复一次。

注:Copyright by The Guilford Press. 本表复印件仅供本书购买者使用(Swearer, Espelage, & Napolitano, 2009,详情请见版权页)。

某中学

美国东南部一个农村贫困地区的行政管理人员和教师认识到,欺凌/受欺凌是他们社区文化的一部分。他们讲述了一系列故事,涉及虐待、忽视、药物滥用、酗酒、逃学和低毕业率。鉴于这个社区中还存在其他更紧迫的社会问题,因此乍一看,欺凌/受欺凌似乎是所有问题中最简单的一个。事实上,这所学校的工作人员感觉恰恰相反,他们觉得欺凌是他们可以解决的问题。他们选择在全校范围内进行匿名调查。调查的结果和基于数据的决策方式的使用会在下一节介绍。

任务一:建立一个反欺凌评估团队

学区和学校的工作人员创建了一个反欺凌评估团队,由 2 名管理人员、2 名教师、1 名学校心理学家、2 名家长和 2 名学生组成。这个由 9 名成员组成的团队每个月都要会面,并决定在全校范围内调查欺凌行为。他们与大学研究人员合作,通过目标欺凌调查和干预系统(Target Bullying Survey and Intervention System)——基于生态学的预防和干预的学校项目(ecologically Based Prevention and Intervention for Schools Project)(*www.targetbully.com*),创造基于数据作出决策的环境。这个涉及多领域的反欺凌评估团队每年春天都会进行一次调查。

任务二:会面并集体讨论问题

这个反欺凌评估团队确定了几个值得关注的领域。他们担心心理健康问题,并想知道卷入欺凌的学生是否存在焦虑和抑郁。此外,他们还想知道欺凌行为发生的可能性是否男女均等,是否低年级情况更恶劣,以及欺凌对学生的影响。提出的问题包括:欺凌者、受欺凌者和旁观者的比例各是多少?学生对欺凌的态度是怎样的?欺凌通常发生在哪里?学生对欺凌的评论是什么?考虑到社区中存在的其他社会压力,以及学生可能存在高水平的内部问题,因此评估团队还希望能掌管抑郁和焦虑筛查系统。

任务三:研究不同的评估策略

根据反欺凌评估团队提出的问题,人们有兴趣通过全面的调查来评估受欺凌者、欺凌者和旁观者的经历,学生对欺凌的态度,教师对欺凌的看法,抑郁和焦虑。(附录 9-1 中第 6~9 张 PPT 列出了选择使用的量表。)

任务四：确定数据收集的时间

在与学校管理部门协商并查看校历之后，该团队决定在秋末收集数据。他们还希望留出一些时间用于在 SPSS（一个统计程序）中输入数据（*www.spss.com*），以便在春季学期展示数据。

任务五：确定数据收集的形式

鉴于该学校和学区的资金有限，以及没有为所有学生提供足够的电脑访问权限，因此团队选择通过纸笔收集数据。

任务六：与当地企业和基金会合作

为了资助数据收集、数据输入和数据分析，学区行政管理部门不仅非常有创意地使用了学校资金，而且从当地企业和家庭那里获得了捐款。许多社区居民对减少欺凌行为非常感兴趣，他们可以通过联系社区领导来帮助反欺凌行动。

任务七：坚持每年收集数据

反欺凌评估团队决定每年秋末（感恩节和寒假之间）收集数据。

任务八：输入数据

将数据输入 SPSS 中，然后由学校的数学教师协助分析数据。

任务九：分析数据并制作 PPT 演示文稿

数据的分析和呈现是数学教师（绘图和分析数据）、英语教师（写文本）、咨询师（心理量表计分）和社会研究人员（研究欺凌/受欺凌的影响）共同努力的结果。文稿的展示也是他们和行政管理部门协调合作的结果。PPT 演示文稿示例见附录 9-1。第 1~5

张PPT为数据的呈现作好准备。如第4张PPT所示,每个年级的年龄跨度都相当大,这是由于有许多学生留级。4岁的年龄跨度会怎样促使欺凌发生?这是反欺凌评估团队根据数据试图解决的问题之一,也是数据如何影响政策的一个例子。学校可以做些什么来防止学生留级?正如你将在后面的PPT中看到的,这所学校的欺凌行为主要发生在每个年级内部(而不是高年级的学生欺凌低年级的学生)。因此,该团队了解了每个年级有关各年龄层的一些有价值的信息,并认识到年龄跨度大会促使学校欺凌行为的发生。

第10～14张PPT说明学生也可以参与平均值、标准差和百分比的学习和计算。教师也可以在数学课程中教导学生练习如何绘制数据图表。此外,柱状图或饼状图在视觉上更具吸引力,并传达了欺凌的范围。从第11张PPT中可以看出,这所中学29.0%的学生报告在当前学年中每天或每周都受欺凌,只有2.8%的学生报告他们只欺凌别人,20.1%的学生报告既欺凌别人也受欺凌,22.1%的学生报告他们目睹过欺凌行为,24.1%的学生报告没有卷入欺凌。因此,该中学约76%的学生报告卷入欺凌/受欺凌。

由于这所学校与目标欺凌研究团队合作,因此对数据的比较非常感兴趣(第15～18张PPT)。学校得出的结论是,与另一所不同州的中学相比,他们的学生卷入欺凌/受欺凌的程度要高得多,因此需要减少欺凌。虽然这所学校能够将自己的数据与来自不同学校的数据进行比较,但每年收集数据的另一个好处是,学校可以比较自己每年的数据。当学校承诺每年收集数据时,就会有年复一年可供比较的数据,以确定学生的欺凌卷入是否会随着时间的推移而减少(希望如此!)。

关于欺凌/受欺凌的详细信息

有关性别(第 19 张 PPT)、欺凌发生地点(第 20 张 PPT),以及学生报告的欺凌类型(第 22 张 PPT)的信息非常重要,因为它们可以让学校清楚欺凌/受欺凌的性质。从这 3 张 PPT 可以看出,这所中学卷入欺凌的男女比例相当,大多数欺凌发生在走廊、教室、公交车、咖啡厅和健身房,很多欺凌行为都是言语欺凌。欺凌/受欺凌与学业成就之间的联系非常重要,文献中有明确记载(Fonagy, Twemlow, Vernberg, Sacco, & Little, 2005)。在这所学校,41% 的学生报告受欺凌让学习变得困难(第 25 张 PPT)。在许多学区,欺凌/受欺凌与学业成就的联系是支持反欺凌行动所需的信息。

定性和定量数据

在可能的情况下,有必要在调查或评估中包含开放式问题。开放式问题能为演示文稿提供定性数据,这些数据可以使演示文稿变得更有趣(第 21、23、29、33、38~40 张 PPT)。但是,一定要注意确保不公开学生或教师的姓名,而且包含的评论应该是由几个学生或教师共同作出的,而不仅仅是一个。要想给大家呈现关于欺凌的主题,那么不可以识别出个人。

谁在实施欺凌以及受欺凌的原因

数据表明,言语欺凌是这所学校的一个主要问题,而且同年级的男孩更多地实施此类欺凌行为(第 24 张 PPT)。这些数据给这所学校的启示是,教师需要与学生讨论言语欺凌非常具有破坏性这一事实。我们认为,言语欺凌的后果应与身体层面的欺凌相同。此外,询问学生为什么受欺凌也很重要(第 26 张 PPT)。懦弱、被称为同性恋者、被称为胖子等问题是评估的重点,可以为了解校园风气提供一个窗口。

学生与成年人的关系

确定学生是否在生活中与成年人谈论欺凌/受欺凌非常重要。基于数据的决策产生的一个附带结果是,它向学生传达了成年人确实关心他们,而且在向他们征求意见。第 27 张 PPT 表明,35% 的受欺凌者、32% 的欺凌者以及兼具欺凌和受欺凌者报告,教师不知道欺凌行为。根据第 28 张 PPT,大多数学生不知道他们的教师如何解决欺凌问题。这 2 张 PPT 表明,学校应加强学生与教师之间关于欺凌的沟通。

家庭与学校的联系

考虑到该社区的其他社会问题,反欺凌评估团队对学生是否在家中受欺凌感兴趣。这些学生似乎被他们的兄弟姐妹欺凌(第 31 张 PPT)。受欺凌的学生中有 44% 的人表示,他们的父母知道这种欺凌行为。这是亲子沟通的良好迹象。然而,还有 33% 的人报告他们的父母不知情。家庭与学校的联系是一个可以评估的重要指标,也可以被分享给父母和社区团体。

评估对欺凌/受欺凌的态度

调查对欺凌的支持也很重要。如果人们普遍认为欺凌/受欺凌是被支持的,那么需要学校去干预。欺凌他人的学生认可对欺凌的支持态度,这并不奇怪;但对于受欺凌的学生(即受欺凌者),若他们也对欺凌行为持支持态度,那么表明改变对欺凌的态度的干预措施对这些学生来说非常重要。

评估学生和教师

这所学校很幸运,有一群工作人员认识到欺凌/受欺凌是一个问题(第 34 和 35 张 PPT)。不幸的是,我们咨询过很多学校,那里的学生告诉我们欺凌是一个问题,然而学校工作人员告诉我们欺凌不是一个问题。学生和学校工作人员之间的意见分歧是一个值得干预的问题,这表明成年人和学生之间的沟通不畅。

抑郁、焦虑和欺凌/受欺凌

尽管学生的得分没有临床显著性(第 36 和 37 张 PPT),但咨询部门有一个重要发现,即受欺凌的学生报告的焦虑水平要高于其他群体,而且那些既是欺凌者又是受欺凌者的学生报告了高于其他群体的抑郁水平。这和抑郁、焦虑与欺凌/受欺凌之间关系的研究结果一致,它表明治疗这些学生的抑郁和焦虑非常必要(Merrell,2001)。

任务十:形成欺凌预防和干预策略

数据描述了学校的欺凌事件。这些数据可以促使一些欺凌预防和干预的讨论和想法的产生(第 41 张 PPT)。预防工作,例如成人和学生之间的自由交流(第 42 张 PPT)以及培养尊重行为(第 43 张 PPT)是至关重要的。来自七年级学生的数据表明,干预工作应该主要针对七年级学生(第44张PPT)。这所学校的欺凌行为超越了性别界限,并对学习产生了负面影响(第45张PPT)。第46张PPT根据学生报告的受欺凌的地点,指出了特定的干预措施。加强成人与学生的互动也有助于减少欺凌行为。

任务十一:进行年度评估

正如我们在第四章提到的,进行年度评估很重要,这也可以表明欺凌/受欺凌是一个重要问题。年度评估可以让学校工作人员、父母和学生知道,每年都有一种机制可以让他们分享有关欺凌/受欺凌的经历和感受。在本章所述的中学,学校工作人员和学生在基于数据的决策模型方面经验丰富,因此他们决定每年收集数据。学生会成员和学校咨询师使用PPT进行课堂演示,数学教师和学生分析数据并制作图表,社会研究人员和英语教师整理歧视和欺凌/受欺凌的文稿,所有数据均与父母和社区组织共享。这一行动正在为这所学校和社区带来变革。

最后的思考

我们希望本书能够激励学校工作人员和教育工作者,每年都参与收集有关学校欺凌、骚扰和歧视的数据。我们相信,当教育工作者、父母和学生了解促成欺凌行为的条件时,他们就会拥有必要的工具来终止学校和社区中的欺凌/受欺凌。我们所有人都必须拥有同情心,关爱他人,共同努力,在人与人之间建立健康和积极的关系。只有这样,我们才有可能将80%的欺凌行为减少到0。

附录9-1 某中学欺凌预防和干预项目的PPT演示文稿示例

第1张

目标欺凌预防和干预项目：
你所在的中学

制作本PPT的教职工和学生的姓名

本PPT呈现的数据来自美国你所在城镇、学校的教职工

第2张

"如果觉得自己太过渺小而影响甚微，就想想睡觉时房间内那只嗡嗡飞的蚊子。"

——非洲谚语

第 3 张

第 4 张

你所在学校的项目参与者

年级	数量	最小年龄	最大年龄	平均值	标准差
六年级	186	10	13	11.62	0.65
七年级	183	10	14	12.67	0.66
八年级	105	11	15	13.53	0.68
未知	22				

第 5 张

项目参与者的种族

种族	数量	百分比
高加索人/白种人	454	90.8%
拉丁裔/西班牙裔	9	1.8%
美洲原住民	4	0.8%
其他	3	0.6%
黑种人/非裔美国人	1	0.2%
未报告	29	5.8%

第 6 张

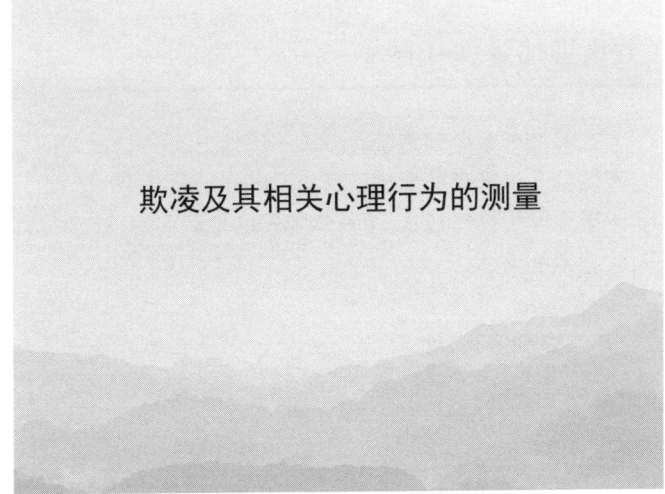

欺凌及其相关心理行为的测量

第 7 张

欺凌调查——学生版本(Bully Survey-Student version, BYS-S)

- 测量本学年的欺凌行为、受欺凌情况、欺凌行为的观察以及对欺凌行为的态度。
- "欺凌是指某人故意伤害或吓唬另一个人，而且受欺凌者很难保护自己。通常，欺凌会重复发生。"
  推、打以及其他伤害他人身体的行为。
  散播关于某人的谣言。
  将某人排斥在团队之外。
  取笑他人。
  联合某些人一起戏弄其他人。

第 8 张

儿童抑郁量表-10

- 儿童抑郁量表简短版。
- 测量儿童抑郁的显性症状。
- 要求学生选择过去6个月内最符合他们实际情况的选项。

  题项样例：
  □ 我偶尔难过
  □ 我经常难过
  □ 我总是难过

(Kovacs, 2002)

第九章
评估你的努力

第 9 张

儿童多维焦虑量表-10

- 儿童多维焦虑量表简短版。
- 测量8~19岁儿童焦虑的主要维度。
- 10个题项，4点计分。
  从不、偶尔、有时、经常
- 题项样例：
  去露营的想法让我感到害怕。
  我会确保一切安全。

(March, 1997)

第 10 张

卷入欺凌：描述性数据

- BSBVI=在本学年每天欺凌一次或多次或者每周欺凌一次或多次。

第 11 张

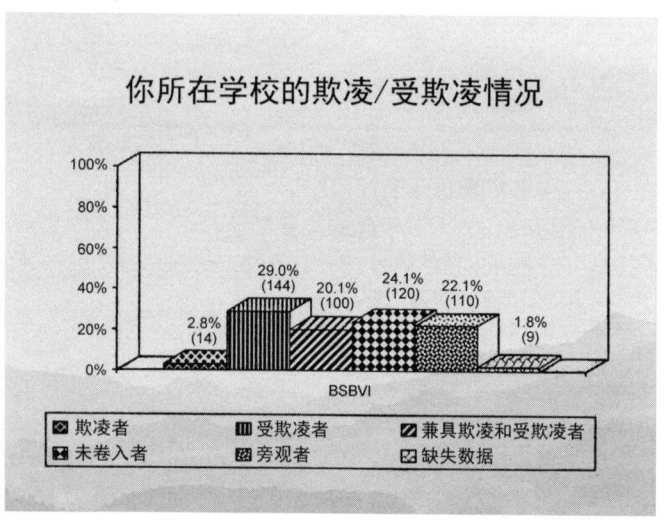

第 12 张

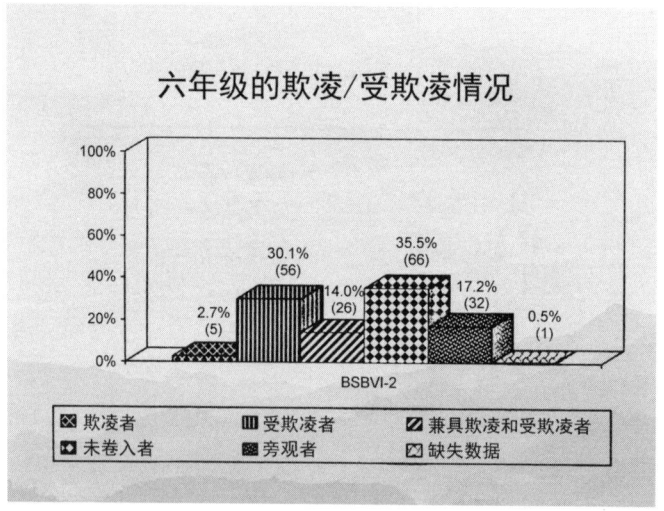

第 13 张

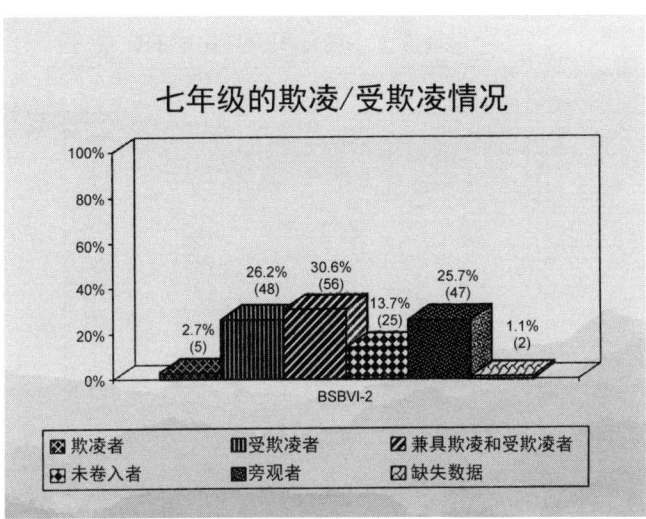

第 14 张

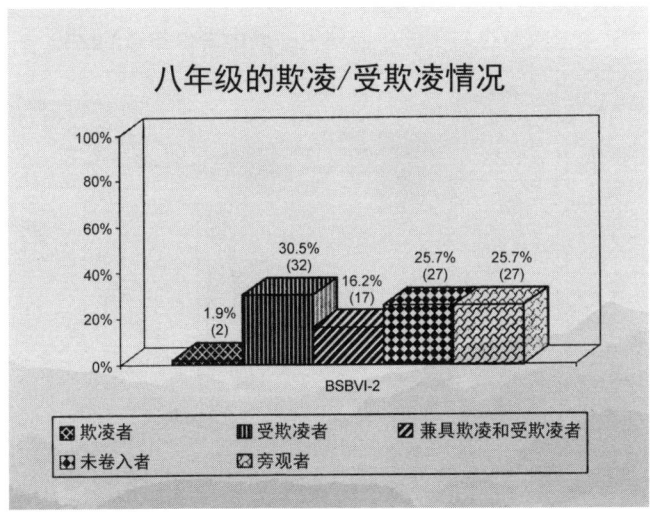

第 15 张

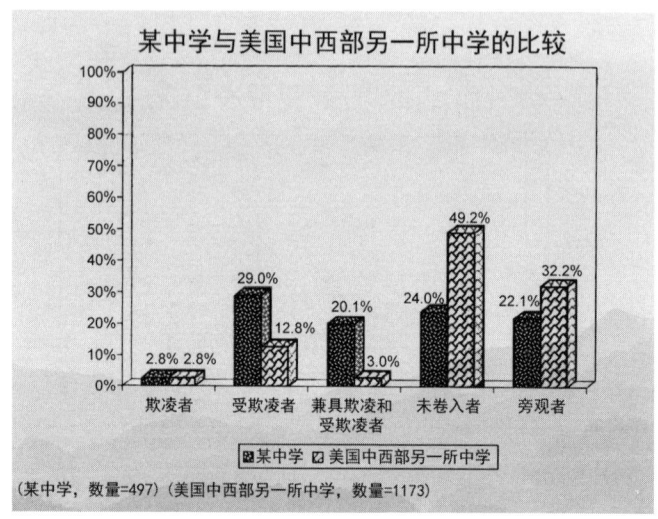

(某中学，数量=497)（美国中西部另一所中学，数量=1173）

第 16 张

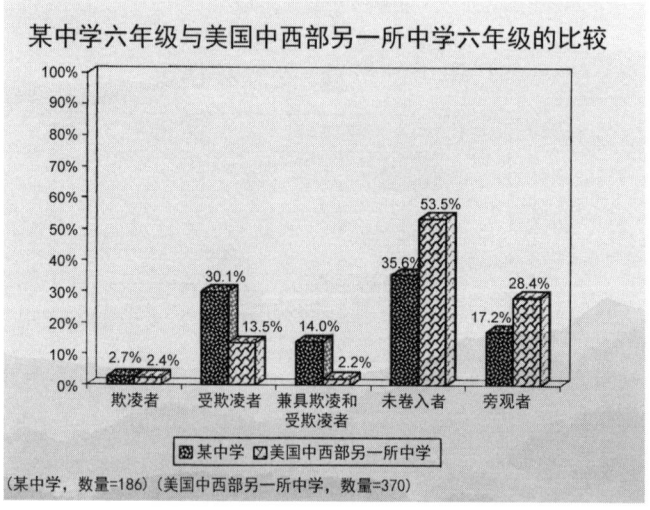

(某中学，数量=186)（美国中西部另一所中学，数量=370）

第 17 张

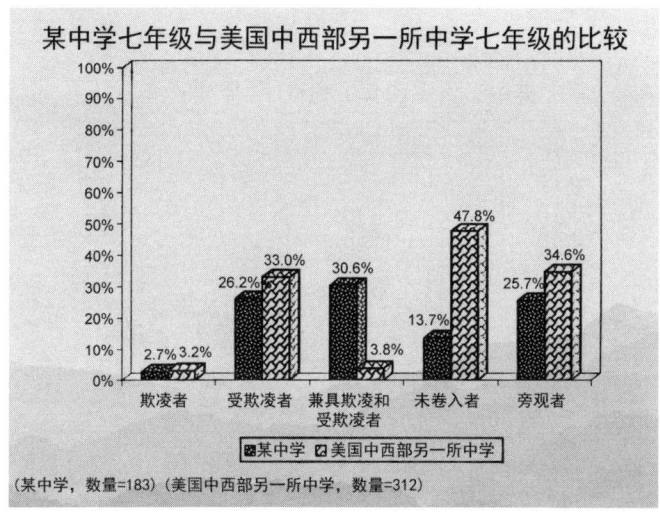

第 18 张

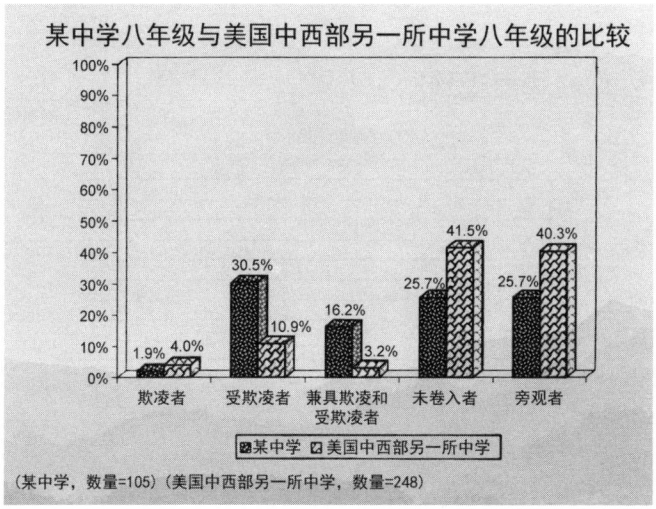

第 19 张

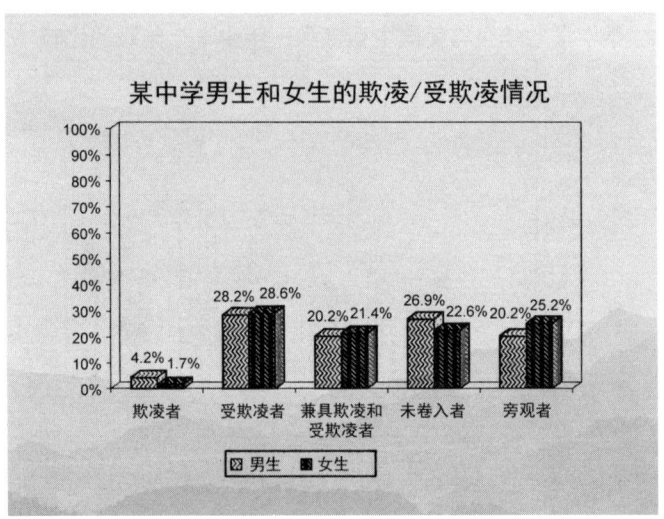

第 20 张

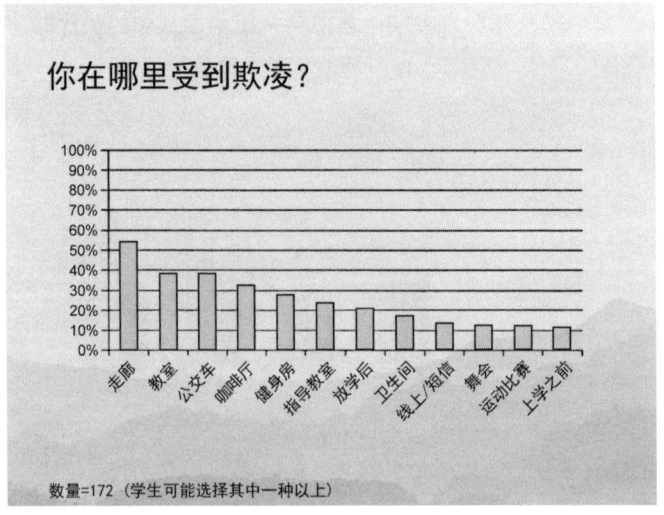

第九章
评估你的努力

第 21 张

孩子们的声音……

- "你们应该把摄像头安装在厕所的入口处，监控走廊。"

- "他们（欺凌者）使我不想坐公交。"

第 22 张

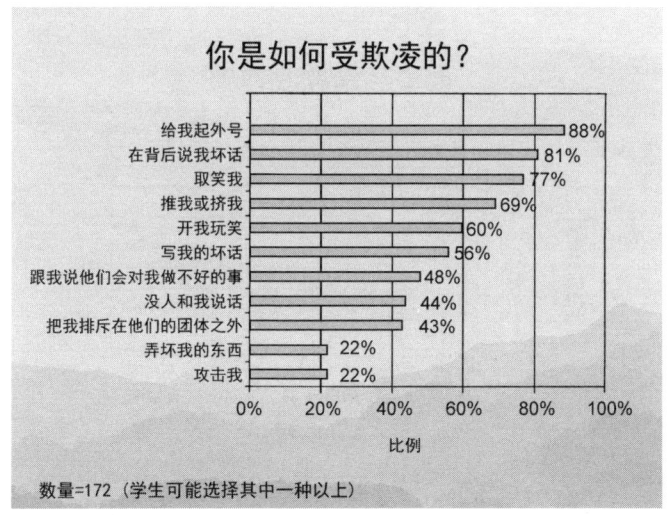

你是如何受欺凌的？

方式	比例
给我起外号	88%
在背后说我坏话	81%
取笑我	77%
推我或挤我	69%
开我玩笑	60%
写我的坏话	56%
跟我说他们会对我做不好的事	48%
没人和我说话	44%
把我排斥在他们的团体之外	43%
弄坏我的东西	22%
攻击我	22%

数量=172（学生可能选择其中一种以上）

203

第23张

孩子们的声音……

- "他们解下那个男孩的皮带并用它殴打他。"
- "在走廊里他们推掉我手里的东西。"
- "那些欺凌者让他们做讨厌的事。"

第24张

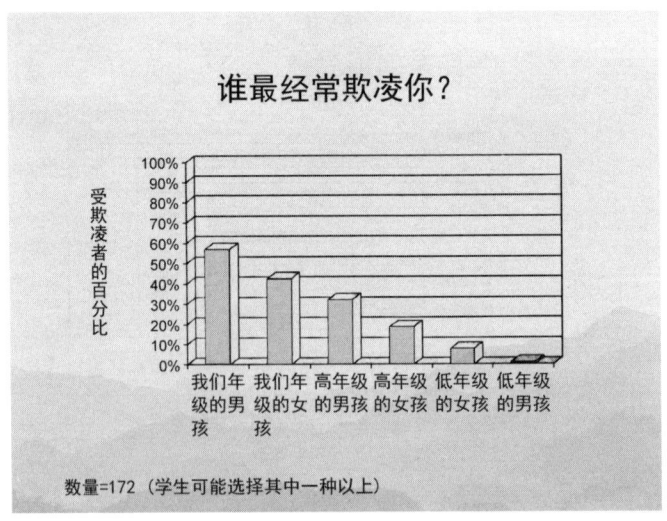

谁最经常欺凌你?

受欺凌者的百分比

我们年级的男孩 / 我们年级的女孩 / 高年级的男孩 / 高年级的女孩 / 低年级的女孩 / 低年级的男孩

数量=172(学生可能选择其中一种以上)

第 25 张

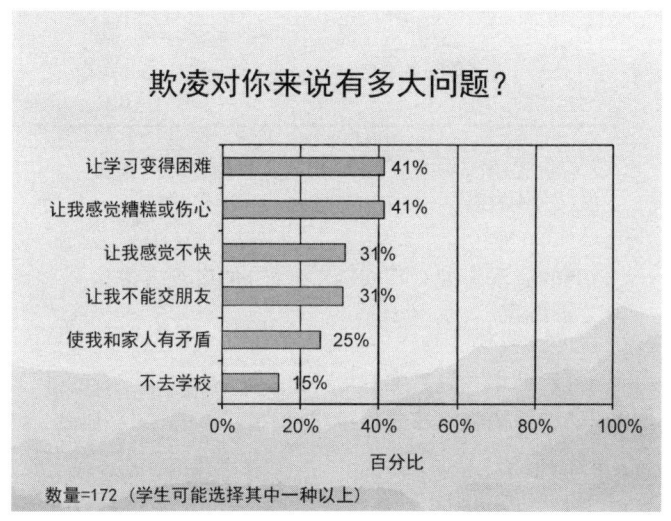

第 26 张

学生报告的在你所在中学受欺凌的十大原因

1. 他们说我是同性恋者（数量=56）
2. 他们认为我是个懦夫（数量=75）
3. 他们认为我很胖（数量=52）
4. 因为我穿的衣服（数量=50）
5. 我太矮了（数量=45）
6. 我和大家不一样（数量=41）
7. 我获得了好成绩（数量=40）
8. 他们觉得我看起来很好笑（数量=37）
9. 因为我很生气（数量=36）
10. 因为我说话的方式（数量=35）

第 27 张

教师知道欺凌事件吗?

- 35%的受欺凌者说"不知道",40%的受欺凌者说"不确定"。

- 18%的旁观者说"不知道",62%的旁观者说"不确定"。

- 32%的欺凌者以及兼具欺凌和受欺凌者说"不知道",36%的欺凌者以及兼具欺凌和受欺凌者说"不确定"。

第 28 张

你认为教职工是如何处理欺凌事件的?

	受欺凌者 数量=144	旁观者 数量=110	欺凌者以及 兼具欺凌和 受欺凌者 数量=114
非常好	14%	7%	10%
可以	20%	16%	13%
不好	18%	13%	21%
不知道	38%	57%	52%
缺失	10%	6%	4%

第九章
评估你的努力

第 29 张

孩子们的声音……

- "他们制止了欺凌者。"
- "欺凌者告诉他们,如果不退出,就会被踢出团队。"
- "他们告诉我别理欺凌者。"
- "应该有更多学校活动,这样我们就不会遭遇麻烦了。"
- "他们对打我的那两个孩子提出指控。"

第 30 张

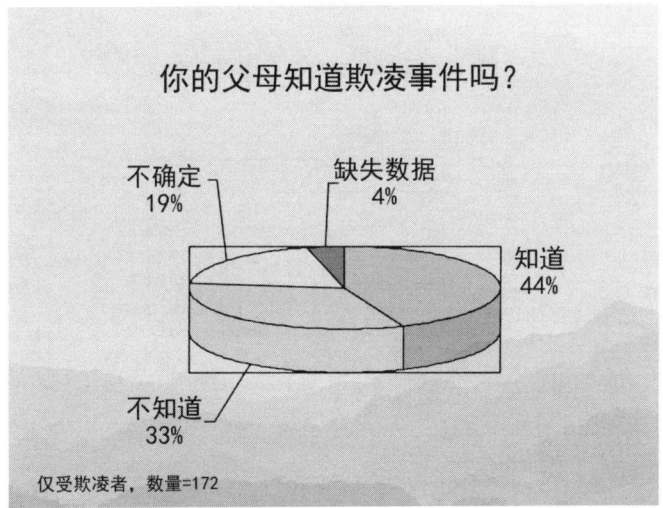

你的父母知道欺凌事件吗?

- 不确定 19%
- 缺失数据 4%
- 知道 44%
- 不知道 33%

仅受欺凌者,数量=172

207

第 31 张

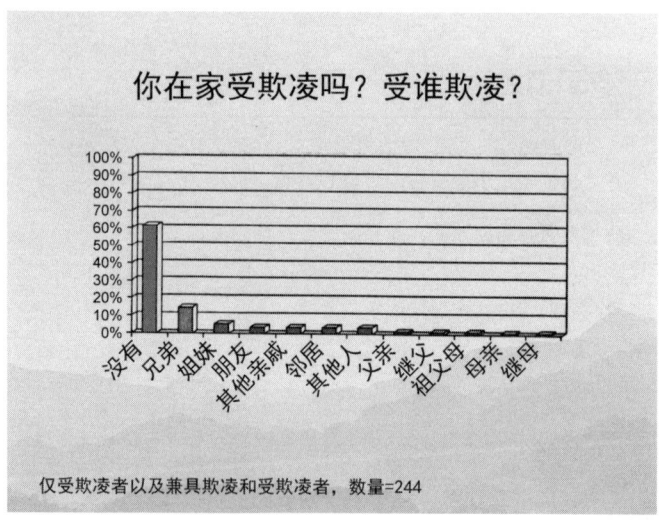

第 32 张

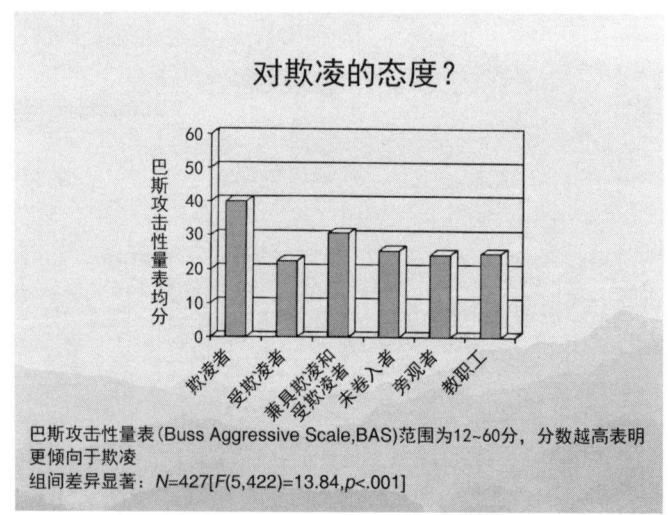

第九章
评估你的努力

第 33 张

孩子们的声音……

- "我不知道为什么人们会欺凌其他人,这些欺凌者自尊水平低。"

- "欺凌不应该发生。"

- "欺凌者应该受到惩罚。"

第 34 张

在你的学校,欺凌是个问题吗?

- 62%的学生回答"是的"。

- 86%的教职工回答"是的"。

第 35 张

学校应该担心欺凌吗?

- 76%的学生回答"应该"。

- 93%的教职工回答"应该"。

第 36 张

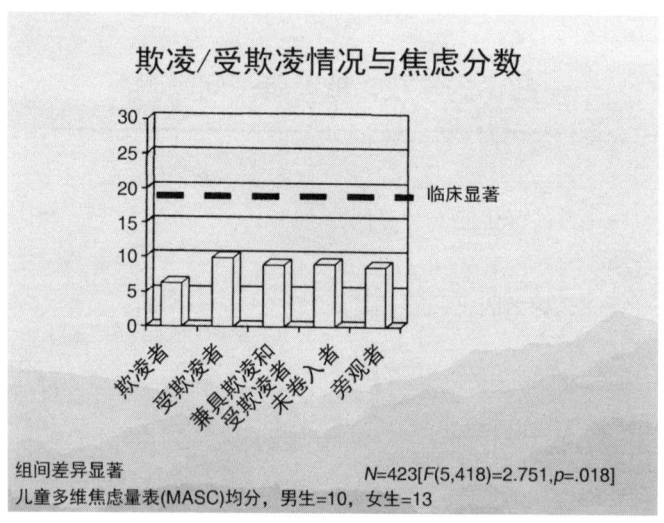

组间差异显著　　　　　　　　　$N=423[F(5,418)=2.751, p=.018]$
儿童多维焦虑量表(MASC)均分,男生=10,女生=13

第九章
评估你的努力

第 37 张

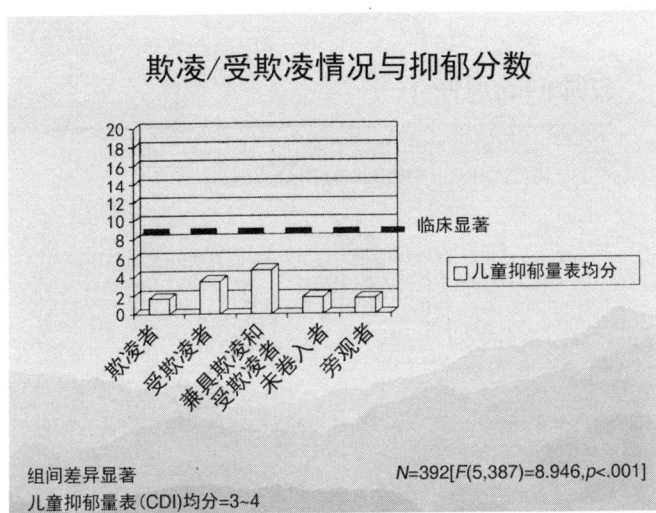

组间差异显著
儿童抑郁量表(CDI)均分=3~4
$N=392[F(5,387)=8.946, p<.001]$

第 38 张

孩子们的声音……

- "我觉得没有人和我一起。"
- "我不想去学校。"
- "我很伤心,不想讲太多话。"
- "我经常哭。"
- "我无法集中注意力,因为我很伤心。"

第 39 张

教师们的声音……

- "他被称为班级小丑,但他只是想在其他人这么说之前自嘲。"

- "其他孩子在午饭排队的时候跳过这个男孩,而这个男孩也让他们过去,我觉得是因为这个男孩害怕他们。"

- "似乎每年都在恶化,变得更严重。"

- "欺凌是生活的一部分,无法阻止,但是我们可以教学生如何正确处理这种情况。"

第 40 张

教师们的声音……

- "我把两个学生分别带到走廊,和他们谈话。我第二次听到这个消息(欺凌)时,我让那个欺凌他人的学生和我一起课后留校,并明确表示再发生一次的话周六继续课后留校。"

- "把欺凌其他男孩的两个男孩带到办公室。"

- "这不是一个新问题,早在我上学的时候就出现了。这些孩子很残忍,早该处理的。"

第九章
评估你的努力

第 41 张

在你所在的中学，
对于欺凌你可以
做些什么？

第 42 张

基于数据的决策：预防项目

- 鼓励学生和成人之间的开放式交流。
  —70%的学生说教师不知道欺凌事件。
  —只有44%的学生会告诉家长。

- 教导欺凌的消极后果。

- 传达这样的信息：言语欺凌和身体欺凌同样有害。

第 43 张

基于数据的决策：预防项目

- 六至八年级会发生什么？在这一阶段，欺凌/受欺凌会增加，七年级情况最差。
- 似乎存在同年级的欺凌事件。
- 一定要让未卷入者的人数增加。
- 树立令人尊重的行为榜样，并为欺凌行为制定一致且可执行的后续策略。

第 44 张

基于数据的决策：干预项目

- 只有四分之一的学生报告没有卷入欺凌事件……因此，某中学75%的学生都卷入欺凌事件。
- 未卷入者最多的是六年级和八年级的学生。
- 七年级的学生情况如何？拥有最高的欺凌/受欺凌率。
- 将七年级作为干预目标。

第九章 评估你的努力

第 45 张

基于数据的决策：干预项目

- 在某中学，男孩和女孩同样会卷入欺凌。

- 欺凌似乎发生在同年级的同伴之间。

- 欺凌会对学习产生消极影响。
- 欺凌者以及兼具欺凌和受欺凌者对欺凌事件持积极态度。欺凌可能是积极的——是不是地位和力量的象征？

第 46 张

某中学最常发生欺凌事件的五个地方

走廊
——增加走廊监控数量。
班级
——培训所有课堂教师识别欺凌行为并始终如一地进行干预。
公交车
——在公交车上安装监控，培训公交司机。
咖啡厅
——教师应该和学生一起吃午饭。
健身房
——体育教师必须积极地制止欺凌行为。

第 47 张

有所作为

"为了你理想中的世界,作出改变。"

——甘地

参考文献

Alaska Session Laws 109. (2006).
American Association of University Women. (1993). *Hostile hallways: The AAUW survey on sexual harassment in Americas schools* (Research Rep. No. 923012). Washington, DC: Harris/Scholastic Research.
American Association of University Women. (2001). *Hostile hallways: Bullying, teasing and sexual harassment in school.* Washington, DC: Author.
Americans with Disabilities Act, 42 U.S.C. § 12134 (2006).
Anderson, C. A., & Bushman, B. J. (2001). Effects of violent video games on aggressive behavior, aggressive cognition, aggressive affect, physiological arousal, and prosocial behavior: A metaanalytic review of the scientific literature. *Psychological Science, 12*, 353–359.
Anderson, C. A., & Bushman, B. J. (2002). Human aggression. *Annual Review of Psychology, 53*, 27–51.
APA Task Force on Zero Tolerance. (2007). Are zero tolerance policies effective in the schools?: An evidentiary review and recommendations. Retrieved July 10, 2008, from *www.apa.org/ed/cpse/ zttfreport.pdf*.
Arizona Revised Statutes § 15–341 (2005).
Arkansas Department of Education. (n.d.). Recommendations for writing anti-bullying policies. Retrieved April 1, 2008, from *arkedu.state.ar.us/ commendos/static/fy0203/attachments/Policy _Writing_Recs.doc*.

Astington, J. W., Harris, P. L., & Olson, D. R. (1988). *Developing theories of mind*. Cambridge, UK: Cambridge University Press.

Astor, R. A., Meyer, H. A., & Pitner, R. O. (2001). Elementary and middle school students' perceptions of violence-prone school subcontexts. *Elementary School Journal*, *101*, 511-528.

Austin, S., & Joseph, S. (1996). Assessment of bully/victim problems in 8- to 11-year-olds. *British Journal of Educational Psychology*, *66*, 447-456.

Baldry, A. C. (2003). Bullying in schools and exposure to domestic violence. *Child Abuse and Neglect*, *27*, 713-732.

Baldry, A. C., & Farrington, D. P. (2000). Bullies and delinquents: Personal characteristics and parental styles. *Journal of Community and Applied Social Psychology*, *10*, 17-31.

Barriga, A. Q., Gibbs, J. C., Potter, G. B., & Liau, A. K. (2001). *How I Think Questionnaire*. Champaign, IL: Research Press.

Batsche, G. M., & Knoff, H. M. (1994). Bullies and their victims: Understanding pervasive problem in the schools. *School Psychology Review*, *23*, 165-174.

Beck, A. T., Steer, R. A., & Brown, G. K. (1996). *Manual for the Beck Depression Inventory-II*. San Antonio, TX: Psychological Corporation.

Berkowitz, L. (1993). *Aggression: Its causes, consequences, and control*. New York: McGraw-Hill.

Bjorklund, D. F., & Pellegrini, A. D. (2002). *The origins of human nature*. Washington, DC: American Psychological Association.

Borg, M. G. (1998). The emotional reactions of school bullies and their victims. *Educational Psychology*, *18*, 433-443.

Boulton, M. J. (1992). Rough physical play in adolescents: Does it serve a dominance function? *Early Education and Development*, *3*, 312-333.

Bowers, L., Smith, P. K., & Binney, V. (1994). Perceived family relationships of bullies, victims, and bully/victims in middle childhood. *Journal of Social and Personal Relationships*, *11*, 215-232.

Bradshaw, C. P., Sawyer, A. L., & O'Brennan, L. M. (2007). Bullying and peer victimization at school: Perceptual differences between students and school staff. *School Psychology Review*, *36*, 361–382.

Branding Unbound. (2006, December 18). Fastest growing segment of texters: 45- to 64-year-olds. Retrieved October 23, 2007, from *maverix. typepad.com/brandingunbound/2006/12/fastest_ growing.html*.

Bronfenbrenner, U. (1977). Toward an experimental ecology of human development. *American Psychologist*, *32*, 513–531.

Bronfenbrenner, U. (1979). Contexts of child rearing: Problems and prospects. *American Psychologist*, *34*, 844–850.

Bukowski, W. M., Sippola, L. K., & Newcomb, A. F. (2000). Variations in patterns of attraction to same- and other-sex peers during early adolescence. *Developmental Psychology*, *36*, 147–154.

Buss, A. H., & Warren, W. L. (2000). *Aggression Questionnaire: Manual*. Los Angeles, CA: Western Psychological Services.

Cairns, R. B., & Cairns, B. D. (1994). *Lifelines and risks: Pathways of youth in our time*. Cambridge, UK: Cambridge University Press.

California Department of Education. (n. d.). Sample policy for bullying prevention. Retrieved April 1, 2008, from *cde.ca.gov/ls/ss/se/samplepolicy. asp*.

Casella, R. (2003). Zero tolerance policy in schools: Rationale, consequences, and alternatives. *Teachers College Record*, *105*, 872–892.

Center for the Study and Prevention of Violence. (n.d.). Colorado Association of School Boards sample policy on bullying. Retrieved April 1, 2008, from *www.colorado.edu/cspv/safeschools/bullying/bullying_casbpolicy. html*.

Century Council. (2007, April 13). Text message your teen on prom night. Retrieved October 23, 2007, from *www.centurycouncil.org/press/ 2007/pr2007-04-13.html*.

Christenson, S. L., & Sheridan, S. M. (2001). *Schools and families: Creating essential connections for learning*. New York: Guilford Press.

Cingular Wireless. (2006, August 29). Txt2Connect: Survey indicates text messaging improves parent-child communications. Retrieved October 23, 2007, from *www.prnewswire.com/mnr/cingular/25194/*.

Civil Rights Act of 1964, 42 U.S.C. § 2000d. (2006) ("Title Vi").

Clinton, H. R. (1996). *It takes a village and other lessons children teach us*. New York: Simon & Schuster.

CMCH Mentors for Parents and Teachers. (n. d.). Cell phones. Retrieved October 23, 2007, from *www.cmch.tv/mentors/hotTopic.asp?id*=70.

Cohen, D., & Strayer, J. (1996). Empathy in conduct-disordered and comparison youth. *Developmental Psychology*, *32*, 988 – 998.

Coie, J. D., & Dodge, K. A. (1998). Aggression and antisocial behavior. In N. Eisenberg (Ed.) & W. Damon (Series Ed.), *Handbook of child psychology: Vol. 3. Social, emotional and personality development* (5th ed., pp. 779 – 862). New York: Wiley.

Colorado Revised Statutes § 22 – 32 – 109.1 (2005).

Connecticut Public Acts 115 (2006).

Conners, K. (1997). *Conners' Rating Scales—Revised: Manual*. Tonawanda, NY: Multi-Health Systems.

Connolly, J., Pepler, D. J., Craig, W. M., & Taradash, A. (2000). Dating experiences of bullies in early adolescence. *Child Maltreatment: Journal of the American Professional Society on the Abuse of Children*, *5*, 299 – 310.

County of Sacramento v. Lewis, 523 U.S. 833 (1998).

Cowan, R., & Swearer, S. M. (2004). School-community partnerships. In C. Spielberger (Ed.), *Encyclopedia of applied psychology* (Vol. 2, pp. 309 – 317). San Diego, CA: Academic Press.

Cowan, R., Swearer, S. M., & Sheridan, S. M. (2004). Home-School collaboration. In C. Spielberger (Ed.), *Encyclopedia of applied psychology* (Vol. 2, pp. 201 – 208). San Diego, CA: Academic Press.

Craig, W. M. (1998). The relationship among bullying, victimization, depression, anxiety, and aggression in elementary school children.

Personality and Individual Differences, *24*, 123–130.

Craig, W. M., & Pepler, D. J. (1997). Observations of bullying and victimization in the school yard. *Canadian Journal of School Psychology*, *13*(2), 41–59.

Crick, N. R. (1999). "Superiority" is in the eye of the beholder: A comment on Sutton, Smith, and Swettenham. *Social Development*, *8*, 128–131.

Crick, N. R., & Grotpeter, J. K. (1995). Relational aggression, gender, and social-psychological adjustment. *Child Development*, *66*, 710–722.

Cunningham, N. J. (2007). Level of bonding to school and perception of the school environment by bullies, victims, and bully victims. *Journal of Early Adolescence*, *27*, 457–478.

Curley v. Hill, 2000 U.S. Dist. LEXIS 16665 (S.D. Ind. 2000).

Davis v. Monroe County Board of Education, 526 U.S. 629 (1999).

Davis, M. H. (1983). Measuring individual differences in empathy: Evidence for a multidimensional approach. *Journal of Personality and Social Psychology*, *44*, 113–126.

Demaray, M. K., & Malecki, C. K. (2002). The relationship between perceived social support and maladjustment for students at risk. *Psychology in the Schools*, *39*, 305–316.

Demaray, T. R., & Malecki, M. K. (2003). Perceptions of the frequency and importance of social support by students classified as victims, bullies, and bully/victims in an urban middle school. *School Psychology Review*, *32*, 471–489.

Dempsey, J. P., Fireman, G. D., & Wang, E. M. (2006). Transitioning out of peer victimization in school children: Gender and behavioral characteristics. *Journal of Psychopathology and Behavioral Assessment*, *28*(4), 271–280.

DeShaney v. Winnebago County Department of Social Services, 489 U.S. 189, 197 (1989).

DeSouza, E. R., & Ribeiro, J. (2005). Bullying and sexual harassment among Brazilian high school students. *Journal of Interpersonal Violence*, *20*, 1018–1038.

Dishion, T. J., McCord, J., & Poulin, F. (1999). When interventions harm: Peer groups and problem behavior. *American Psychologist*, 54, 755–764.

Dodge, K. A., & Coie, J. D. (1987). Social information processing factors in reactive and proactive aggression in children's peer groups. *Journal of Personality and Social Psychology*, 53, 1146–1158.

Dodge, K. A., Pettit, G. S., McClaskey, C. L., & Brown, M. M. (1986). Social competence in children. *Monographs of the Society for Research in Child Development*, 51, 1–85.

Doe v. Town of Bourne, 2004 U.S. Dist. LEXIS 10021 (D. Mass. 2004).

Doll, B., Zucker, S., & Brehm, K. (2004). *Resilient classrooms: Creating healthy environments for learning*. New York: Guilford Press.

Duncan, R. D. (1999). Maltreatment by parents and peers: The relationship between child abuse, bullying victimization, and psychological distress. *Child Maltreatment*, 4, 45–55.

Duncan, R. D. (2004). The impact of family relationships on school bullies and their victims. In D. L. Espelage & S. M. Swearer (Eds.), *Bullying in American schools: A social-ecological perspective on prevention and intervention* (pp. 227–244). Mahwah, NJ: Erlbaum.

Education Amendments Act of 1972, 20 U.S.C. § 1681 (2006) ("Title IX").

Endresen, I. M., & Olweus, D. (2001). Self-reported empathy in Norwegian adolescents: Sex differences, age trends, and relationship to bullying. In A. C. Bohart, C. Arthur, & D. J. Stipek (Eds.), *Constructive and destructive behavior: Implications for family, school, and society* (pp. 147–165). Washington, DC: American Psychological Association.

Eron, L. D., Huesmann, L. R., Dubow, E., Romanoff, R., & Yarnel, P. W. (1987). Aggression and its correlates over 22 years. In D. H. Crowell & I. M. Evans (Eds.), *Childhood aggression and violence: Sources of influence, prevention, and control* (pp. 249–262). New York: Plenum Press.

Espelage, D. L., Bosworth, K., & Simon, T. R. (2000). Examining the social context of bullying behaviors in early adolescence. *Journal of Counseling and Development*, 78, 326–333.

Espelage, D. L., & Green, H. D. (in press). Willingness to intervene in bullying episodes among middle school students: The role of empathy and peer-group membership. *Social Networks*.

Espelage, D. L., Green, H. Jr., & Wasserman, S. (2007). Statistical analysis of friendship patterns and bullying behaviors among youth. In L. Hanish & P. Rodkin (Eds.), *Peer social networks: New directions for child and adolescent development* (pp. 61–75). San Francisco: Jossey-Bass.

Espelage, D. L., & Holt, M. K. (2001). Bullying and victimization during early adolescence: Peer influences and psychosocial correlates. In R. Geffner & M. Loring (Eds.), *Bullying behaviors: Current issues, research, and interventions* (pp. 123–132). Binghampton, NY: Haworth Press.

Espelage, D. L., Holt, M. K., & Henkel, R. R. (2003). Examination of peer-group contextual effects on aggression during early adolescence. *Child Development*, 74(1), 205–220.

Espelage, D. L., Holt, M., Poteat, P., & VanBoven, A. (in press). Bullying in the schools. In J. Eccles & J. Meece (Eds.), *Schooling and development*. New York: Routledge.

Espelage, D. L., Mebane, S. E., & Adams, R. S. (2004). Empathy, caring, and bullying: Toward an understanding of complex associations. In D. L. Espelage & S. M. Swearer (Eds.), *Bullying in American schools: A social-ecological perspective on prevention and intervention* (pp. 37–61). Mahwah, NJ: Erlbaum.

Espelage, D. L., & Swearer, S. M. (2003). Research on school bullying and victimization: What have we learned and where do we go from here? *School Psychology Review*, 32, 365–383.

Espelage, D. L., & Swearer, S. M. (2004). *Bullying in American schools:*

A social-ecological perspective on prevention and intervention. Mahwah, NJ: Erlbaum.

Farmer, T. W., Estell, D. B., Bishop, J. L., O'Neil, K. K., & Cairns, B. D. (2003). Rejected bullies or popular leaders? The social relations of aggressive subtypes of African American early adolescents. *Developmental Psychology*, *39*, 992-1004.

Farmer, T. W., Leung, M. C., Pearl, R., Rodkin, P. C., Cadwallader, T. W., & Van Acker, R. (2002). Deviant or diverse peer groups? The peer affiliations of aggressive elementary students. *Journal of Educational Psychology*, *94*, 611-620.

Feshbach, N. D., & Feshbach, S. (1982). Empathy training and the regulation of aggression: Potentialities and limitations. *Academic Psychology Bulletin*, *4*(3), 399-413.

Finkelhor, D., Mitchell, K., & Wolak J. (2000). *Online victimization: A report on the nation's young people*. Alexandria, VA: National Center for Missing & Exploited Children.

Finn, J. (2004). A survey of online harassment at a university campus. *Journal of Interpersonal Violence*, *19*, 468-483.

Flores v. Morgan Hill Unified School District, 324 F.3d 1130, 1134 (9th Cir. 2003).

Flouri, E., & Buchanan, A. (2003). The role of mother involvement and father involvement in adoles cent bullying behavior. *Journal of Interpersonal Violence*, *18*, 634-644.

Fonagy, P., Twemlow, S. W., Vernberg, E., Sacco, F. C., & Little, T. D. (2005). Creating a peaceful school learning environment: The impact of an antibullying program on educational attainment in elementary schools. *Medical Science Monitor*, *11*, 317-325.

Forrester Research. (2007, July 11). NACTAS Q4 2006 youth media and marketing and finance online survey. Retrieved October 23, 2007, from *www.forrester.com/ER/Research/Survey/Excerpt/1*, *5449*, *535*, *00.html*.

Forsterling, F. (1985). Attributional retraining: A review. *Psychological Bulletin*, *98*, 495–512.

Furlong, M. J., Morrison, G. M., & Greif, J. L. (2003). Reaching an American consensus: Reactions to the special issue on school bullying. *School Psychology Review*, *32*, 456–470.

Gartner. (2006, December 13). Gartner highlights key predictions for IT organizations in 2007 and beyond. Retrieved October 23, 2007, from *www.gartner.com/it/page.jsp?id=499323*.

Georgia Code Annotated § 20-2-751.4 (2006).

Gordon, A. (2001). School exclusions in England: Childrens voices and adult solutions. *Educational Studies*, *27*, 69–85.

Graham, S., Bellmore, A. D., & Mize, J. (2006). Peer victimization, aggression, and their cooccurrence in middle school: Pathways to adjustment problems. *Journal of Abnormal Child Psychology*, *34*, 363–378.

Graham, S., & Juvonen, J. (1998). Self-blame and peer victimization in middle school: An attributional analysis. *Developmental Psychology*, *34*, 587–599.

Graham, S., & Juvonen, J. (2001). An attributional approach to peer victimization. In S. Graham & J. Juvonen (Eds.), *Peer harassment in school: The plight of the vulnerable and victimized* (pp. 49–72). New York: Guilford Press.

Gregory, K. E., & Vessey, J. A. (2004). Bibliotherapy: A strategy to help students with bullying. *Journal of School Nursing*, *20*, 127–133.

Gresham, F. M., & Elliott, S. N. (1990). *Social Skills Rating System manual*. Circle Pines, MN: American Guidance Service.

Griffith, J. (1996). Relation of parental involvement, empowerment, and school traits to student academic performance. *Journal of Educational Research*, *90*, 33–41.

Gruber, J. E., & Fineran, S. (2007). The impact of bullying and sexual harassment on middle and high school girls. *Violence Against Women*,

13, 627–643.

Hanish, L. D., Kochenderfer-Ladd, B., Fabes, R. A., Martin, C. L., & Denning, D. (2004). Bullying among young children: The influence of peers and teachers. In D. L. Espelage & S. M. Swearer (Eds.), *Bullying in American schools: A social-ecological perspective on prevention and intervention* (pp. 141–159). Mahwah, NJ: Erlbaum.

Harachi, T. W., Fleming, C. B., White, H. R., Ensminger, M. E., Abbott, R. D., Catalano, R. F., et al. (2006). Aggressive behavior among girls and boys during middle childhood: Predictors and sequelae of trajectory group membership. *Aggressive Behavior*, *32*, 279–293.

Harter, S. (1985). *Manual for Self-Perception Profile for Children*. Denver, CO: University of Denver.

Hawker, D. S. J., & Boulton, M. J. (2000). Twenty years' research on peer victimization and psychosocial maladjustment: A meta-analytic review of cross-sectional studies. *Journal of Child Psychology and Psychiatry and Allied Disciplines*, *41*, 441–455.

Hawkins, J. D., Catalano, R. F., & Miller, J. Y. (1992). Risk and protective factors for alcohol and other drug problems in adolescence and early adulthood: Implications for substance abuse prevention. *Psychological Bulletin*, *112*, 64–105.

Hawley, P. H. (1999). The ontogenesis of social dominance: A strategy-based evolutionary perspective. *Developmental Review*, *19*, 97–132.

Hawley, P. H., Little, T. D., & Rodkin, P. C. (2007). *Aggression and adaptation: The bright side to bad behavior*. Mahwah, NJ: Erlbaum.

Haynie, D. L., Nansel, T., & Eitel, P. (2001). Bullies, victims, and bully/victims: Distinct groups of at-risk youth. *Journal of Early Adolescence*, *21*, 29–49.

Health Resources and Services Administration. (n. d.). *Best practices in bullying prevention and intervention*. Retrieved July 17, 2007, from *www.stopbullyingnow.hrsa.gov/HHS_PSA/pdfs/SBN_Tip_23.pdf*.

Henry, D., Guerra, N., Huesmann, R., Tolan, P., Van Acker, R., & Eron, L. (2000). Normative influences on aggression in urban elementary school classrooms. *American Journal of Community Psychology*, *28*, 59 - 81.

Hirschi, T. (1969). *Causes of delinquency*. Berkeley: University of California Press.

Hodges, E. V. E., & Perry, D. G. (1999). Personal and interpersonal antecedents and consequences of victimization by peers. *Journal of Personality and Social Psychology*, *76*, 677 - 685.

Hoffman, M. L. (2000). *Empathy and moral development: Implications for caring and justice*. New York: Cambridge University Press.

Holt, M., Finkelhor, D., & Kaufman Kantor, G. (2007). Hidden victimization in bullying assessment. *School Psychology Review*, *36*, 345 - 360.

Holt, M., & Keyes, M. (2004). Teachers' attitudes toward teasing and general school climate. In D. L. Espelage & S. M. Swearer (Eds.), *Bullying in American schools: A social-ecological perspective on prevention and intervention* (pp. 121 - 139). Mahwah, NJ: Erlbaum.

Hoover, J. H., Oliver, R., & Hazier, R. J. (1992). Bullying: Perceptions of adolescent victims in the midwestern USA. *School Psychology International*, *13*, 5 - 16.

Horne, A. M., Bartolomucci, C. L., & Newman-Carlson, D. (2003). *Bully busters: A teacher's manual for helping bullies, victims, and bystanders*. Champaign, IL: Research Press.

Howard, K. A., Flora, J., & Griffin, M. (1999). Violence-prevention programs in schools: State of the science and implications for future research. *Applied and Preventive Psychology*, *8*, 197 - 215.

Huber, J. D. (1983). Comparison of disciplinary concerns in small and large schools. *Small School Forum*, *4*, 7 - 9.

Huesmann, L. R., Eron, L. D., Lefkowitz, M. M., & Walder, L. O. (1984). Stability of aggression over time and generations. *Developmental*

Psychology, *20*, 1120 – 1134.

Hymel, S., Rocke-Henderson, N., & Bonanno, R. A. (2005). Moral disengagement: A framework for understanding bullying among adolescents. *Journal of Social Sciences*, *8*, 1 – 11.

Indiana Code Annotated § 5 – 2 – 10. 1 – 2(Michie 2006).

Iowa Department of Education. (2007). Anti-bullying/anti-harassment sample policy. Retrieved April 1, 2008, from *www.iowa.gov/educate/content/view/942/1106*.

Juvonen, J., & Graham, S. (2001). Self-views versus peer perceptions of victim status among early adolescents. In J. Juvonen & S. Graham (Eds.), *Peer harassment in school: The plight of the vulnerable and victimized* (pp. 105 – 124). New York: Guilford Press.

K. M. v. Hyde Park Central School District, 381 F. Supp. 2d 343 (S.D.N.Y. 2005).

Kaltiala-Heino, R., Rimpelae, M., & Rantanen, P. (2001). Bullying at school: An indicator for adolescents at risk for mental disorders. *Journal of Adolescence*, *23*, 661 – 674.

Kandel, D. B. (1978). Homophily, selection, and socialization in adolescent friendships. *American Journal of Sociology*, *84*, 427 – 436.

Kasen, S., Berenson, K., Cohen, P., & Johnson, J. (2004). The effects of school climate on changes in aggressive and other behaviors related to bullying. In D. L. Espelage & S. M. Swearer (Eds.), *Bullying in American schools: A social-ecological perspective on prevention and intervention* (pp. 187 – 210). Mahwah, NJ: Erlbaum.

Kasen, S., Cohen, P., & Brook, J. S. (1998). Adolescent school experiences and dropout, adolescent pregnancy, and young adult deviant behavior. *Journal of Adolescent Research*, *13*, 49 – 72.

Kasen, S., Johnson, J., & Cohen, P. (1990). The impact of school emotional climate on student psychopathology. *Journal of Abnormal Child Psychology*, *18*, 165 – 177.

Kaufman, P., Chen, X., Chandler, S. P., Chapman, K. A., Rand,

C. D., & Ringel, M. R. (1998). *Indicators of school crime and safety* (NCES 98 – 251/NCJ – 172215). Washington, DC: U.S. Government Printing Office.

Kaukiainen, A., Bjorkqvist, K., Lagerspetz, K., Osterman, K., Salmivalli, C., Rothberg, S., et al. (1999). The relationships between social intelligence, empathy, and three types of aggression. *Aggressive Behavior*, *25*, 81–89.

Kellam, S. G., Ling, X., Merisca, R., Brown, H. C., & Ialongo, N. (1998). The effect of the level of aggression in the first grade classroom on the course and malleability of aggressive behavior into middle school. *Development and Psychopathology*, *10*, 165–185.

Kingsbury, W., & Espelage, D. L. (in press). Self-blaming attributions as mediators between victimization and psychological outcomes during early adolescence. *European Journal of Educational Psychology*.

Koch, R. (1998). *The 80/20 principle: The secret to success by achieving more with less*. New York: Doubleday.

Kochenderfer, B. J., & Ladd, G. W. (1996a). Peer victimization: Cause or consequence of school maladjustment? *Child Development*, *67*, 1305–1317.

Kochenderfer, B. J., & Ladd, G. W. (1996b). Peer victimization: Manifestations and relations to school adjustment in kindergarten. *Journal of School Psychology*, *34*, 267–283.

Kovacs, M. (1992). *Children's Depression Inventory*. New York: Multi-Health Systems.

Kowalski, R. M., Limber, S. P., & Agatston, P. W. (2008). *Cyber bullying: Bullying in the digital age*. Malden, MA: Blackwell.

Li, Q. (2006). Cyberbullying in schools: A research of gender differences. *School Psychology International*, *27*, 157–170.

Limber, S. P. (2006). Peer victimization: The nature and prevalence of bullying among children and youth. In N. E. Dowd, D. G. Singer, & R. F. Wilson (Eds.), *Handbook of children, culture, and violence* (pp. 331 - 332). Thousand Oaks, CA: Sage.

Limber, S. P., & Small, M. S. (2003). U.S. laws and policies to address bullying in schools. *School Psychology Review*, *32*, 445 - 455.

Loeber, R., & Dishion, T. (1984). Boys who fight at home and school: Family conditions influencing cross-setting consistency. *Journal of Consulting and Clinical Psychology*, *52*(5), 759 - 768.

Love, K. B., Swearer, S. M., Lieske, J., Siebecker, A. B., & Givens, J. (2005, August). *School climate, victimization, and anxiety in male high school students*. Poster presented at the 113th Annual Convention of the American Psychological Association, Washington, DC.

Maine School Management Association. (n. d.). Sample policy. Retrieved April 1, 2008, from *www. maine. gov/education/bullyingprevention/ management. rtf*.

March, J. S. (1997). *Manual for the Multidimensional Anxiety Scale for Children*. Toronto: Multi-Health Systems.

Mashable. (2007, July 11). MySpace losing high schoolers to facebook? Retrieved October 23, 2007, from *mashable. com/2007/07/11/ myspace-losing-to-facebook*.

Mass. Gov. (n. d.). Promoting civil rights and prohibiting harassment, bullying, discrimination, and hate crimes: Sample policy for Massachusetts school districts. Retrieved April 1, 2008, from *www.mass. gov/Cago/docs/Community/SSI/Children_CivilRightsPolicyHighlights.rtf*.

McFadyen-Ketchum, S. A., Bates, J. E., Dodge, K. A., & Pettit, G. S. (1996). Patterns of change in early childhood aggressive-disruptive behavior: Gender differences in predictions from early coercive and affectionate mother-child interactions. *Child Development*, *67* (5), 2417 - 2433.

Mehrabian, A. (1997). Relations among personality scales of aggression, violence, and empathy: Validational evidence bearing on the Risk of Eruptive Violence Scale. *Aggressive Behavior*, *23*, 433 - 445.

Mehrabian, A., & Epstein, N. (1972). A measure of emotional empathy.

Journal of Personality, *40*, 525–543.

Menesini, E., Sanchez, V., Fonzi, A., Ortega, R., Costabile, A., & Feudo, G. L. (2003). Moral emotions and bullying: A cross-national comparison of differences between bullies, victims, and outsiders. *Aggressive Behavior*, *29*, 515–530.

Merrell, K. W. (2001). *Helping students overcome depression and anxiety: A practical guide*. New York: Guilford Press.

Merrell, K. W., Gueldner, B. A., Ross, S. W., & Isava, D. M. (2008). How effective are school bullying intervention programs?: A meta-analysis of intervention research. *School Psychology Quarterly*, *23*, 26–42.

Mikle, J. (2005, December 8). Harassed student's court win upheld. *Asbury Park Press*.

Miller, P. A., & Eisenberg, N. (1988). The relationship of empathy to aggressive and externalizing/antisocial behavior. *Psychological Bulletin*, *103*, 324–344.

Mo. SB 894 (enacted July 10, 2006).

Mobiledia. (2005, August 30). Survey finds 50% of teens prefer cell phones to TV. Retrieved October 23, 2007, from *www.mobiledia.com/news/35398.html*.

Moeller, T. G. (2001). *Youth aggression and violence: A psychological approach*. Mahwah, NJ: Erlbaum.

Moffitt, T. E. (1993). Adolescent-limited and life-course-persistent anti-social behavior: A developmental taxonomy. *Psychological Review*, *100*, 674–701.

Mohr, A. (2006). Family variables associated with peer victimization: Does family violence enhance the probability of being victimized by peers? *Swiss Journal of Psychology*, *65*, 107–116.

MySpace. (2007a, August 6). The official parent and family guide to understanding your teen's use of MySpace. Retrieved June 9, 2008, from *creative.myspace.com/cms/SafetySite/documents/MySpaceParentGuide*.

pdf.

Myspace. (2007b). The official school administrator's guide to understanding MySpace and resolving social networking issues. Retrieved March 30, 2008, from *instech. knox. k12tn. net/training/www/documents/ myspaceadministratorguide71007-1.pdf.*

The "MySpace suicide" trial. (2008). *Los Angeles Times.* Retrieved May 22, 2008, from *www.latimes.com/news/local/la-me-myspace16-2008may16, 0,3642392.story.*

Nansel, T. R., Haynie, D. L., & Simons-Morton, B. G. (2003). The association of bullying and victimization with middle school adjustment. *Journal of Applied School Psychology, 19,* 45–61.

Nansel, T. R., Overpeck, M., Pilla, R. S., Ruan, W. J., Simmons-Morton, B., & Scheidt, P. (2001). Bullying behavior among U. S. youth: Prevalence and association with psychosocial adjustment. *Journal of the American Medical Association, 285,* 2094–2100.

National School Boards Foundation. (n. d.). Safe & smart: Research and guidelines for children's use of the Internet. Retrieved October 23, 2007, from *www.nsbf.org/safe-smart/full-report.htm.*

Nebraska Unicameral. (2008). 100th Legislature, 2nd session. Legislative Bill 205. Retrieved April 1, 2008, from *uniweb. legislature. ne. gov/ FloorDocs/Current/PDF/Final/LB205.pdf.*

New Jersey Statutes Annotated § 18A:37–15 (2006).

Newman, D. A., Horne, A. M., & Bartolomucci, C. L. (2000). *Bully busters: A teacher's manual for helping bullies, victims, and bystanders.* Champaign, IL: Research Press.

Newman, R. S., Murray, B., & Lussier, C. (2001). Confrontation with aggressive peers at school: Students' reluctance to seek help from the teacher. *Journal of Educational Psychology, 93*(2), 398–410.

Nielson//NetRatings. (2004, March 18). Three out of four Americans have access to the Internet, according to Nielsen//Net ratings. Retrieved October 23, 2007, from *www.nielsen-netratings. com/pr/pr_040318.*

pdf.

No Child Left Behind Act of 2001, Public Law No. 107–110 (2001).

Nordhagen, R., Nielson, A., Stigum, H., & Kohler, L. (2005). Parental reported bullying among Nordic children: A population-based study. *Child: Care, Health and Development, 31*, 693–701.

Ohio Department of Education. (2007). *Anti-harassment, anti-intimidation or anti-bullying model policy.* Columbus, OH: Author.

Oliver, R., Oaks, I. N., & Hoover, J. H. (1994). Family issues and interventions in bully and victim relationships. *School Counselor, 41*, 199–202.

Olweus, D. (1993a). *Bullying at school: What we know and what we can do.* New York: Blackwell.

Olweus, D. (1993b). Bully/victim problems among schoolchildren: Long-term consequences and an effective intervention program. In S. Hodgins (Ed.), *Mental disorder and crime* (pp. 317–349). Thousand Oaks, CA: Sage.

Olweus, D. (1994). Bullying at school: Long-term outcomes for the victims and an effective school-based intervention program. In L. R. Huesmann (Ed.), *Aggressive behavior: Current perspectives* (pp. 97–130). New York: Plenum.

Olweus, D. (1995a). Bullying or peer abuse at school: Facts and interventions. *Current Directions in Psychological Science, 4*(6), 196–200.

Olweus, D. (1995b). Bullying or peer abuse at school: Intervention and prevention. In G. Davies & S. Lloyd-Bostock (Eds.), *Psychology, law, and criminal justice: International developments in research and practice.* Oxford, UK: Walter De Gruyter.

Olweus, D., Limber, S., & Mihalic, S. (1999). *Blueprints for violence prevention: The Bullying Prevention Program.* Boulder, CO: Center for the Study and Prevention of Violence.

Orpinas, P., & Horne, A. M. (2006). *Bullying prevention: Creating a positive school climate and developing social competence*. Washington, DC: American Psychological Association.

Ozer, E. J., Tschann, J. M., Pasch, L. A., & Flores, E. (2004). Violence perpetration across peer and partner relationships: Co-occurrences and longitudinal patterns among adolescents. *Journal of Adolescent Health*, 34, 64–71.

Patchin, J. W., & Hinduja, S. (2006). Bullies move beyond the schoolyard: A preliminary look at cyberbullying. *Youth Violence and Juvenile Justice*, 4, 148–169.

Pellegrini, A. D. (2001). A longitudinal study of heterosexual relationships, aggression, and sexual harassment during the transition from primary school through middle school. *Applied Developmental Psychology*, 22, 119–133.

Pellegrini, A. D. (2002a). Affiliative and aggressive dimensions of dominance and possible functions during early adolescence. *Aggression and Violent Behavior*, 7, 21–31.

Pellegrini, A. D. (2002b). Bullying, victimization, and sexual harassment during the transition to middle school. *Educational Psychologist*, 37, 151–163.

Pellegrini, A. D., & Bartini, M. (2001). Dominance in early adolescent boys: Affiliative and aggressive dimensions and possible functions. *Merrill-Palmer Quarterly*, 47, 142–163.

Pellegrini, A. D., & Long, J. (2002). A longitudinal study of bullying, dominance, and victimization during the transition from primary to secondary school. *British Journal of Developmental Psychology*, 20, 259–280.

Pepler, D. J., Craig, W. M., Connolly, J., & Henderson, K. (2002). Bullying, sexual harassment, dating violence, and substance use among adolescents. In C. Wekerle & A.-M. Wall (Eds.), *The violence and addiction equation: Theoretical and clinical issues in substance abuse and relationship violence* (pp. 153–168). New York: Brunner-

Routledge.

Pepler, D. J., Craig, W. M., Connolly, J. A., Yuile, A., McMaster, L., & Jiang, D. (2006). A developmental perspective on bullying. *Aggressive Behavior*, *32*, 376–384.

Pepler, D., Craig, W., & O'Connell, P. (in press). Peer processes in bullying: Informing prevention and intervention strategies. In S. R. Jimerson, S. M. Swearer, & D. L. Espelage (Eds.), *The international handbook of school bullying*. New York: Routledge.

Pesznecker, K. (2004, July 1). District settled suit for millions. *Anchorage Daily News*.

Pew Internet. (2005a, July 25). Teens forge forward with the Internet and other new technologies. Retrieved October 23, 2007, from *www. pewinternet.org / press_release.asp?r=109*.

Pew Internet. (2005b, July 27). Teens and technology: Youth are leading the transition to a fully wired and mobile nation. Retrieved October 23, 2007, from *www.pewinternet.org/ppf/r/162/ report_display.asp*.

Pew Internet & American Life Project. (2008, February 15). Demographics of Internet users. In October 24 – December 2, 2007, from tracking survey. Retrieved June 9, 2008, from *www. pewinternet. org/trends/ User_Demo_2.15.08. htm*.

Pollack, W. (1998). *Real boys: Rescuing our sons from the myths of boyhood*. New York: Henry Holt.

Ray v. Antioch Unified School District, 107 F. Supp. 2d 1165 (N.D. Cal. 2000).

Rehabilitation Act of 1973, 29 U.S.C. § 794 (2006) ("Section 504 of the Rehabilitation Act").

Respect for All Project. (2004). *Let's get real: Curriculum guide*. San Francisco: Women's Educational Media.

Reynolds, C. R., & Kamphaus, R. W. (2004). *Behavior Assessment System for Children manual* (2nd ed.). Bloomington, MN: Pearson Assessments.

Reynolds, W. M. (2003). *Reynolds Bully-Victimization Scales for Schools*.

San Antonio, TX: Psychological Corporation.

Rhode Island Department of Education. (n. d.). Guidance on developing required policies against bullying. Retrieved April 1, 2008, from www.ride.ri.gov/psi/DOCS/20030102_GuidancePolicyBullying.

Rigby, K., &Slee, P. (1993). Dimensions of interpersonal relation among Australian children and implications for psychological well-being. *Journal of School Psychology*, 133, 33-42.

Rodkin, R. C., Farmer, T. W., Pearl, R., & Van Acker, R. (2000). Heterogeneity of popular boys: Antisocial and prosocial configurations. *Developmental Psychology*, 36, 14-24.

Rodkin, R. C., Farmer, T. W., Pearl, R., & Van Acker, R. (2006). They're cool: Social status and peer group supports for aggressive boys and girls. *Social Development*, 15, 175-204.

Rodkin, P. C., & Hodges, E. V. (2003). Bullies and victims in the peer ecology: Four questions for psychologists and school professionals. *School Psychology Review*, 32(3), 384-400.

Rodkin, P. C., & Wilson, T. (2007). Aggression and adaptation: Psychological record, educational promise. In P. H. Hawley, T. D. Little, & P. C. Rodkin (Eds.), *Aggression and adaptation: The bright side to bad behavior* (pp. 235-267). Mahwah, NJ: Erlbaum.

Rutter, M., Maughan, B., Mortimore, P., Ouston, J., & Smith, A. (1979). *Fifteen thousand hours: Secondary schools and their effects on children*. Cambridge, MA: Harvard University Press.

Salmivalli, C., Lagerspetz, K., Bjorkqvist, K., Osterman, K., & Kaukiainen, A. (1996). Bullying as a group process: Participant roles and their relations to social status within group. *Aggressive Behavior*, 22, 1-15.

School Bullying Prevention Act, Oklahoma Statute 70, § 24-100.3 (2005).

Schwartz, D., Dodge, K. A., Pettit, G. S., & Bates, J. E. (1997). The early socialization of aggressive victims of bullying. *Child Development*, 68, 665-675.

Schwartz, D., Gorman, A. H., Nakamoto, J., & Toblin, R. L. (2005). Victimization in the peer group and children's academic functioning. *Journal of Educational Psychology*, *97*, 425–435.

Seals, D., & Young, J. (2003). Bullying and victimization: Prevalence and relationship to gender, grade level, ethnicity, self-esteem, and depression. *Adolescence*, *38*(152), 735–747.

Seper, C. (2005, February 14). School bullies can land in court. *The Plain Dealer*.

Sheridan, S. M., Napolitano, S. A., & Swearer, S. M. (2002). Best practices in school-community partnerships. In A. Thomas & J. Grimes (Eds.), *Best practices in school psychology* (4th ed., pp. 322–336). Bethesda, MD: National Association of School Psychologists.

Shields, A., & Cicchetti, D. (2001). Parental maltreatment and emotion dysregulation as risk factors for bullying and victimization in middle childhood. *Journal of Clinical Child Psychology*, *30*, 349–363.

Skiba, R. J., & Knesting, K. (2002). Zero tolerance, zero evidence: An analysis of school disciplinary practice. In R. J. Skiba & G. G. Noam (Eds.), *New directions for youth development: No 92. Zero tolerance: Can suspension and expulsion keep schools safe?* (pp. 17–43). San Francisco: Jossey-Bass.

Skiba, R., Reynolds, C. R., Graham, S., Sheras, P., Conoley, J. C., & Garcia-Vazquez, E. (2006, February). Are zero tolerance policies effective in the schools?: An evidentiary review and recommendations. Retrieved March 19, 2007, from www.apa.org/releases/ZTTFReportBPDRevisions5-15.pdf

Smith, J. D., Schneider, B. H., Smith, P. K., & Ananiadou, K. (2004). The effectiveness of whole-school antibullying programs: A synthesis of evaluation research. *School Psychology Review*, *33*, 547–560.

Smith, P. K. (2007). Why has aggression been thought of as maladaptive? In P. H. Hawley, T. D. Little, & P. C. Rodkin (Eds.), *Aggression and adaptation: The bright side to bad behavior* (pp. 65–83). Mahwah,

NJ: Erlbaum.

Smith, P. K., Bowers, L., Binney, V., & Cowie, H. (1993). Relationships of children involved in bully/victim problems at school. In S. Duck (Ed.), *Learning about relationships* (pp. 184-212). London: Sage.

Smith, P. K., Cowie, H., Olafsson, R. F., Liefooghe, A. P., Almeida, A., & Araki, H., et al. (2002). Definitions of bullying: A comparison of terms used, and age and gender differences in a fourteen-country international comparison. *Child Development*, *73*, 1119-1133.

Smith, P. K., Morita, Y., Junger-Tas, J., Olweus, D., Catalano, R. F., & Slee, P. (1999). *The nature of school bullying: A cross-national perspective*. Florence, KY: Taylor & Frances/Routledge.

Smith, P. K., & Myron-Wilson, R. (1998). Parenting and school bullying. *Child Psychology and Psychiatry*, *3*, 405-417.

Snelling v. Fall Mountain Regional School District, 2001 DNH 57 (D.N.H. 2001).

Solberg, M. E., Olweus, D., & Endresen, I. M. (2007). Bullies and victims at school: Are they the same pupils? *British Journal of Educational Psychology*, *77*, 441-464.

Soutter, A., & McKenzie, A. (2000). The use and effects of anti-bullying and anti-harassment policies in Australian schools. *School Psychology International*, *21*, 96-105.

Sprague, J. R., & Walker, H. M. (2005). *Safe and healthy schools: Practical prevention strategies*. New York: Guilford Press.

Srabstein, J. C., McCarter, R. J., Shao, C., & Huang, Z. J. (2006). Morbidities associated with bullying behaviors in adolescents: School based study of American adolescents. *International Journal of Adolescent Medicine and Health*, *18*, 587-596.

State of New Jersey, Department of Education. (2007). Model policy and guidance for prohibiting harassment, intimidation and bullying on school property, at school-sponsored functions and on school buses. Retrieved April 1, 2008, from *www.state.nj.us/education/parents/bully.pdf*.

Stevens, V., De Bourdeaudhuji, I., & Van Oost, P. (2002). Relationship of the family environment to children's involvement in bully/victim problems at school. *Journal of Youth and Adolescence, 31*, 419–428.

Stevenson v. Martin County Board of Education, 3 Fed. Appx. 25 (4th Cir. 2001).

Stop Bullying Now. (n. d.). All about bullying. Retrieved September 12, 2006, from *www.stopbullyingnow. hrsa. gov/adult/indexAdult, asp? Area=allaboutbullying*.

Strom, P. S., & Strom, R. D. (2005). Cyberbullying by adolescents: A preliminary assessment. *The Educational Forum, 70*, 21–23.

Sutton, J., Smith, P. K., & Swettenham, J. (1999). Bullying and "theory of mind": A critique of the "social skills deficit" view of anti-social behaviour. *Social Development 8*, 117–127.

Swearer, S. M., Cary, P. T., & Frazier-Koontz, M. (2001, August). *Attitudes toward bullying in middle school youth: A developmental examination across the bully/victim continuum.* Paper presented at the 109th Annual Convention of the American Psychological Association, San Francisco, CA.

Swearer, S. M., & Doll, B. (2001). Bullying in schools: An ecological framework. *Journal of Emotional Abuse, 2*, 7–23.

Swearer, S. M., & Espelage, D. L. (2004). Introduction: A social-ecological framework of bullying among youth. In D. L. Espelage & S. M. Swearer (Eds.), *Bullying in American schools: A social-ecological perspective on prevention and intervention* (pp. 1–12). Mahwah, NJ: Erlbaum.

Swearer, S. M., & Givens, J. E. (March, 2006). *Designing an alternative to suspension for middle school bullies.* Paper presented at the annual convention of the National Association of School Psychologists, Anaheim, CA.

Swearer, S. M., Peugh, J., Espelage, D. L., Siebecker, A. B., Kingsbury, W., & Bevins, K. S. (2006). A socioecological model for bullying prevention and intervention in early adolescence: An exploratory examination. In S. R. Jimerson & M. J. Furlong (Eds.), *Handbook of school violence and school safety: From research to practice* (pp. 257 - 273). Mahwah, NJ: Erlbaum.

Swearer, S. M., Song, S. Y., Cary, P. T., Eagle, J. W., & Mickelson, W. T. (2001). Psychosocial correlates in bullying and victimization: The relationship between depression, anxiety, and bully/victim status. *Journal of Emotional Abuse*, *2*, 95 - 121.

Tennessee Code Annotated § 49 - 6 - 1016 (2005).

Theno v. Tonganoxie Unified School District No. 464, 394 F. Supp. 2d 1299 (D. Kan. 2005).

Troy, M., & Sroufe, L. A. (1987). victimization among preschoolers: Role of attachment relation-ship history. *Journal of the American Academy of Child and Adolescent Psychiatry*, *26*, 166 - 172.

Tynes, B., Reynolds, L., & Greenfield, P. M. (2004). Adolescence, race, and ethnicity on the Internet: A comparison of discourse in monitored vs. unmonitored chat rooms. *Applied Developmental Psychology*, *25*, 667 - 684.

Underwood, M. K. (2003). *Social aggression among girls*. New York: Guilford Press.

Unnever, J. (2005). Bullies, aggressive victims and victims: Are they distinct groups? *Aggressive Behavior*, *31*, 153 - 171.

U.S. Census Bureau News. (2005, October 27). Computer and Internet use in the United States: 2003. Retrieved October 23, 2007, from *www. census.gov/Press-Release/www/releases/archives/mis-cellaneous/005863. html*.

Vaillancourt, T., Hymel, S., & McDougall, P. (2003). Bullying is power: Implications for school-based intervention strategies. *Journal of Applied School Psychology*, *19*, 157 - 176.

VandenBos, G. R. (2007). *APA dictionary of psychology*. Washington, DC: American Psychological Association.

Vermont Department of Education. (n.d.). Model bullying prevention plan.

Retrieved from *education.vermont.gov/new/pdfdoc/pgm_safeschools/ pubs/bullying_prevention_04.pdf*.

Vossekuil, B., Fein, R. A., Reddy, M., Borum, R., & Modzeleski, W. (2002). *The final report and findings of the safe school initiative: Implications for the prevention of school attacks in the United States*. Washington, DC: U. S. Secret Services and U. S. Department of Education.

Vreeman, R. C., & Carroll, A. E. (2007). A systematic review of school-based interventions to prevent bullying. *Archives of Pediatric Adolescent Medicine*, 161, 78–88.

Washington Virginia Code Annotated § 18-2C-4 (Michie 2006a).

Washington Virginia Code Annotated § 18-2C-5 (Michie 2006b).

Washington Revised Code § 28A.300.285 (2006).

Washington State School Safety Center. (2002). Prohibition of harassment, intimidation and bullying. Retrieved April 1, 2008, from *www.k12.wa. us/SafetyCenter/pubdocs/ModelPolicy.doc*.

Washington v. Pierce, 2005 VT 125 (VT 2005).

Washingtonpost.com. (2005, July 7). Connecting with kids, wirelessly. Retrieved June 9, 2008, from *www.washingtonpost.com/wp-dyn/ content/article/2005/07/06/AR2005070602100.html*.

Wentzel, K. R., & Caldwell, K. A. (1997). Friendships, peer acceptance, and group membership: Relations to academic achievement in middle school. *Child Development*, 68, 1198–1209.

Wenxin, Z. (2002). Prevalence and major characteristics of bullying/ victimization among primary and junior middle school students. *Acta Psychologica Sinica*, 34, 387–394.

WIBW.com. (2005, December 24). School bullying. Retrieved December 9, 2006, from *www.wibw.com/home/headlines/2115597.html*.

Willard, N. E. (2004). An educator's guide to cyberbullying and cyberthreats. Retrieved June 9, 2008, from *cyberbully.org/cyberbully/ docs/cbcteducator.pdf*.

Willard, N. E. (2007). *Cyberbullying and cyberthreats: Responding to the challenge of online social aggression, threats, and distress.* Champaign, IL: Research Press.

Ybarra, M. L. (2004). Linkages between depressive symtomatology and Internet harassment among young regular Internet users. *CyberPsychology and Behavior, 7,* 247-257.

Ybarra, M. L., Espelage, D. L., & Mitchell, K. (2007). The co-occurrence of Internet harassment and unwanted sexual solicitation victimization and perpetration: Associations with psychosocial indicators. *Journal of Adolescent Health, 41,* S31-S41.

Ybarra, M. L., & Mitchell, K. J. (2004a). Online aggresssors/targets, aggressors, and targets: A comparison of associated youth characteristics. *Journal of Child Psychology and Psychiatry, 45,* 1308-1316.

Ybarra, M. L., & Mitchell, K. J. (2004b). Youth engaging in online harassment: Associations with caregiver-child relationships, Internet use, and personal characteristics. *Journal of Adolescence, 27,* 319-336.

Ybarra, M. L., Mitchell, K. J., Wolak, J., & Finkelhor, D. (2006). Examining characteristics and associated distress related to Internet harassment: Findings from the Second Youth Internet Safety Survey. *Pediatrics, 118,* e1169-e1177.

Ybarra, M. L., & Suman, M. (2006). Help seeking behavior and the Internet: A national survey. *International Journal of Medical Informatics, 75,* 29-41.

译后记

校园欺凌是近年来备受关注的社会现象。根据联合国儿童基金会 2019 年的调查，大约 32% 的儿童青少年有被同伴欺凌的经历。不仅如此，有 5%～15% 的儿童遭受过长期而持续的同伴欺凌。校园欺凌可能会给儿童青少年的发展带来巨大危害。这种危害包括心理健康问题、学习问题、身体健康问题等。持续受欺凌还可能对儿童青少年的人格发展产生重要而深远的影响。需要指出的是，校园欺凌的危害并不局限于欺凌事件中的受害者，欺凌的实施者、旁观者等都可能面临适应和发展方面的挑战。因此，如何有效地预防和干预校园欺凌是家庭、学校乃至全社会亟待解决的重要问题。

然而，遗憾的是，在现实生活中，很多家长和教师对校园欺凌事件并没有很好的处理和干预方法。家长们往往并不清楚自己的孩子在学校里是否卷入欺凌事件，在意识到孩子受到欺凌或者实施欺凌时，也往往不知道自己应该怎么做。学校也是如此，教师往往对校园欺凌缺乏足够的觉察。在发生欺凌事件后，往往只是简单地将欺凌者批评、训诫一通。这种做法的成效通常并不明显,反而可能使欺凌状况变本加厉,或者使校园欺凌更加隐蔽。学校层面也大多缺乏系统预防和干预校园欺凌的工作流程和体系。

基于此,我们选择了《欺凌的预防与干预:为学校提供可行的策略》(*Bullying Prevention and Intervention: Realistic Strategies for Schools*)这本书。我们希望通过这本书的翻译和引进,帮助学校建立有效的校园欺凌预防和干预体系,切实减少儿童青少年群体中的欺凌行为。这本书在我们看来有以下三个特点。

第一,实践导向。整本书致力于解决的核心问题是,如何能够有效地预防和干预校园欺凌。因此,在书中,作者结合日常生活中的真实案例,从家长、教师、学生、管理者等多个角度提出有效的预防和干预原则、策略。其中的很多做法和经验完全可以直接转化为落地的方法和举措。

第二,研究引领。本书的作者长期从事校园欺凌的研究以及咨询治疗工作,书中提出的各种方法和举措都是基于科学研究的结果,并实现了研究成果向实践的有效转化。这决定了书中的很多实践策略并不仅仅是经验的总结,而且具有扎实的理论基础,从而保证了这些策略和方法的科学性与有效性。

第三,多学科整合。校园欺凌的预防和干预不仅涉及心理学,而且包含法学、教育学、社会学等多个学科的协同。作者在书中尝试整合多学科的视角,从个体、关系、环境、制度等多个方面入手,构建系统化的欺凌预防和干预体系。

当然，任何预防和干预体系的构建都需要基于学校的现实情况。由于东西方在文化价值观念、学校运行管理等方面存在一定的差异，我们无法完全照搬国外的经验和做法。但是，书中提供的原则和方法一定可以激发我们的思考和创新，从而形成符合中国国情、学校校情的校园欺凌预防和干预体系，为最终战胜校园欺凌打下坚实的基础。

本书的翻译由王梓璇和刘俊升共同完成。刚接受翻译任务时，王梓璇还是一名刚从英国格拉斯哥大学毕业的硕士研究生，准备在华东师范大学开始博士阶段的学习。这本书正式出版时，她正在芬兰图尔库大学克里斯蒂娜·萨尔米瓦利（Christina Salmivalli）教授（萨尔米瓦利教授是校园欺凌研究领域的著名心理学家，领导了目前世界上非常有影响力的校园欺凌干预项目——KiVa 反校园欺凌项目）的实验室完成博士论文研究工作，论文的主题正是校园欺凌。从某种意义上讲，这本书帮助她找到了自己的研究兴趣，也见证了她在专业方面的成长。本书在翻译出版过程中得到上海教育出版社谢冬华先生和徐凤娇女士的大力支持和帮助，在此致以衷心的感谢！

校园欺凌已受到诸多有识之士的广泛关注。2021 年底，联合国儿童基金会、教育部政策法规司和华东师范大学联合成立了未成年人学校保护中心，致力于未成年人保护的理论和实践研究。其中，校园欺凌的预防和干预是该中心未来工作的重点内容之一。本书的出版为此项工作的开展提供了重要的支撑。未来希望能够通过多方面的通力协作,为孩子们营造安全、温馨的校园环境,帮助孩子们健康成长,实现自我潜能。

  翻译从某种意义上讲是一个再创作的过程,达到"信、达、雅"并非易事。译者虽然细致、认真,仍不免有疏漏之处,敬请各位同行和广大读者批评指正。

刘俊升

2022 年 7 月

First published in English under the title
Bullying Prevention and Intervention: Realistic Strategies for Schools
by Susan M. Swearer, Dorothy L. Espelage, and Scott A. Napolitano
Copyright@2009 The Guilford Press
A Division of Guilford Publications, Inc.
Published by arrangement with The Guilford Press
All rights reserved.

上海市版权局著作权合同登记章 图字：09-2018-041号

图书在版编目（CIP）数据

欺凌的预防与干预：为学校提供可行的策略 /（美）苏珊·M.斯韦勒
（Susan M. Swearer），（美）多萝西·L.埃斯皮莱奇（Dorothy L. Espelage），
（美）斯科特·A.纳波利塔诺（Scott A. Napolitano）著；王梓璇，刘俊升译
. — 上海：上海教育出版社，2022.9（2023.5重印）
（学校心理干预实务系列 / 李丹主编）
ISBN 978-7-5720-1528-1

Ⅰ.①欺… Ⅱ.①苏…②多…③斯…④王…⑤刘… Ⅲ.①校园－暴
力行为－预防－研究 Ⅳ.①G474

中国版本图书馆CIP数据核字(2022)第146822号

责任编辑　徐凤娇
封面设计　郑　艺

学校心理干预实务系列
李　丹　主编
欺凌的预防与干预：为学校提供可行的策略
[美] 苏珊·M.斯韦勒
[美] 多萝西·L.埃斯皮莱奇　　著
[美] 斯科特·A.纳波利塔诺
王梓璇　刘俊升　译

出版发行	上海教育出版社有限公司
官　　网	www.seph.com.cn
地　　址	上海市闵行区号景路159弄C座
邮　　编	201101
印　　刷	上海叶大印务发展有限公司
开　　本	890×1240　1/32　印张 8.625
字　　数	166 千字
版　　次	2022年9月第1版
印　　次	2023年5月第2次印刷
书　　号	ISBN 978-7-5720-1528-1/G·1222
定　　价	49.00 元

如发现质量问题，读者可向本社调换　　电话：021-64373213